Vincent van Gogh, geboren am 30. März 1853 in Groot-Zundert/Holland, ist am 29. Juli 1890 in Auvers-sur-Oise/Frankreich gestorben.

Die Texte dieses Bandes sind den mehr als zweitausend Seiten der mitunter täglich abgesandten Briefe van Goghs an seinen Bruder Theo entnommen, auf dessen Wohlwollen und finanzielle Hilfe der Künstler im letzten Jahrzehnt seines Lebens so restlos angewiesen war, daß er gleichsam um sein Leben schrieb: In Selbsterforschung und Rechtfertigung zugleich öffnet er sich dem einzig verbliebenen Gesprächspartner über die räumliche Distanz hinweg. Sein Leben verzehrt sich in unerfüllten Beziehungen zu anderen Menschen und in der leidenschaftlichen Hingabe an die Kunst, die ihm anfangs gar nicht Selbstzweck, sondern ein Mittel zum Überleben gewesen war.

Wie von selbst verdichtet sich die Auswahl der Gedanken zu einer Eigencharakterisierung des Künstlers, der einzelgängerisch und weitgehend autodidaktisch dem Gängigen und Gefälligen absagte und der festen, von religiöser Herkunft geprägten Überzeugung war, daß etwas schwer sein muß, wenn es gut werden soll.

Ergänzt werden die Briefzitate durch ein Nachwort mit einem biographischen Abriß, eine Zeittafel sowie eine Literaturliste.

insel taschenbuch 1265

Vincent van Gogh

Feuer der Seele

Vincent van Gogh, Selbstbildnis mit dunklem Filzhut

Vincent van Gogh
Feuer der Seele

Gedanken zum Leben,
zur Liebe und zur Kunst

Ausgewählt aus seinen Briefen
und mit einem Nachwort
versehen von
Ursula Michels-Wenz

Insel Verlag

Frontispiz: Vincent van Gogh, Selbstbildnis mit dunklem Filzhut, 1886. Rijksmuseum Vincent van Gogh, Amsterdam

7. Auflage 2017

Erste Auflage 1990
insel taschenbuch 1265

Vertrieb durch den Suhrkamp Taschenbuch Verlag
Satz: Hümmer GmbH, Waldbüttelbrunn
Printed in Germany
Umschlag: hißmann, heilmann, hamburg
ISBN 978-3-458-32965-7

Feuer der Seele

Ich fühle eine Kraft in mir, die ich entwickeln muß, ein Feuer, das ich nicht auslöschen darf, sondern schüren muß, obwohl ich nicht weiß, zu welchem Ende es mich führen wird, und ich mich über ein düsteres nicht wundern würde. Was soll man in einer Zeit wie dieser wünschen? Welches wäre das verhältnismäßig glücklichste Los?

Unter manchen Umständen ist es besser, der Besiegte als der Sieger zu sein. [1]

*

Das Gelingen ist manchmal das Endresultat einer ganzen Serie mißglückter Versuche. [2]

*

Es stimmt wahrscheinlich, daß ich nicht dazu geeignet bin, mit Menschen umzugehen, die sehr auf Formen halten, doch habe ich andererseits vielleicht einiges Geschick für arme oder kleine Leute, und verliere ich auf der einen Seite, so gewinne ich auf der anderen. [3]

*

Was ich suche, ist das Allernötigste, um zu leben, was jedoch darüber hinausgeht, läßt mich ziemlich kühl. Was ich gern haben möchte, ist ein fester Wochenlohn wie andere Arbeiter auch, und dafür will ich arbeiten, mit all meiner Kraft und meinem Verstand.

Und da ich ein Arbeiter bin, gehöre ich in den Arbeiterstand und werde mehr und mehr darin leben und mich in ihm einwurzeln.

Ich kann nicht anders, und ich habe keine Lust zu

etwas anderem, ich kann mir etwas anderes nicht vorstellen. [4]

*

Ein Sieg, den man mit einem ganzen Leben von Arbeit und Anstrengung bezahlen muß, ist besser als einer, der schneller davongetragen wird. [5]

*

Man muß sich an Armut gewöhnen.

Man ist ja nicht zu seiner Bequemlichkeit auf der Welt und braucht es nicht besser zu haben als andere. [6]

*

Es ist noch kein Grund, seine Fröhlichkeit zu verlieren, wenn man einsieht, daß man wohl einmal ein armes Leben führen wird – obwohl man auch das Können, die Geschicklichkeiten und die Tüchtigkeit hat, mit denen andere reich werden. [7]

*

Was mich betrifft, so glaube ich fest, daß ich ... stets arm sein werde und daß ich froh bin, wenn es mir gelingt, immer schuldenfrei zu bleiben. – Das ist zwar nicht gerade vergnüglich, aber ich denke, es ist schließlich immer noch besser, zugrunde zu gehen, als einen anderen zugrunde zu richten. [8]

*

Mein Kummer ist kein anderer als dieser: Wozu könnte ich tauglich sein, könnte ich denn nicht helfen und in irgendeiner Weise nützlich sein, wie könnte ich mehr wissen und diesen oder jenen Gegenstand ergründen? Siehst Du, das quält mich beständig, und dann fühlt man sich gefangen in der Bedrängnis, ausgeschlossen, weil man an diesem oder jenem nicht teilnehmen kann, und so manche notwendigen Dinge sind unerreichbar; aus diesem Grunde ist man nicht ohne Melancholie und fühlt eine Leere, da, wo Freundschaft und erhabene und ernste Zuneigung sein könnten, man fühlt eine schreckliche Entmutigung sogar die moralische Energie zernagen, und das Verhängnis scheint den Instinkten der Liebe Schranken setzen zu können, so daß eine Flut von Ekel in einem aufsteigt. Und dann sagt man sich: »Mein Gott, wie lange noch?« Was willst Du, was im Inneren vor sich geht, das zeigt sich auch nach außen. [9]

*

Wenn man mit anderen lebt und durch ein Gefühl von Zuneigung mit ihnen verbunden ist, dann ist man sich dessen bewußt, daß man eine Daseinsberechtigung hat, daß man nicht ganz und gar wertlos und überflüssig sein kann, sondern vielleicht für das eine oder andere taugt, weil man einander nötig hat und als Reisegefährten dieselbe Reise macht. Also, das Gefühl eines geziemenden Eigenwertes ist sehr abhängig von den Beziehungen zu anderen. [10]

*

Genauso wie jeder andere habe auch ich ein Bedürfnis nach Beziehungen von Freundschaft oder Zuneigung und nach vertraulichem Umgang, ich bin nicht wie eine Straßenpumpe oder ein Laternenpfahl, sei er aus Stein oder aus Eisen, daß ich dergleichen entbehren könnte, sondern ich bin, ebenso wie irgendein anderer zivilisierter und manierlicher Mensch imstande, eine Leere wahrzunehmen und Mangel zu empfinden. [11]

*

Es ist sehr schlimm, daß ich überall, wo ich ein wenig länger bleibe, gegen gewöhnlich Vorurteile zu kämpfen habe. Ich weiß nicht mal, was für welche das sind, die mir das Leben so unerträglich machen. [12]

*

Gerade weil ich gern aufrichtige Freundschaft suchen und halten möchte, fällt es mir schwer, mich in eine konventionelle Freundschaft zu finden. [13]

*

Wenn *auf beiden Seiten* der Wunsch besteht, einander Freund zu sein, dann ärgert man sich nicht so leicht übereinander, auch wenn man einmal uneinig ist, und wenn man doch ärgerlich wird, dann macht man es wieder gut. Wo aber Konvention ist, da ist es beinahe unvermeidlich, daß Bitterkeit entsteht, gerade weil man sich nicht frei fühlen kann, und wenn man dann seine wahren Gefühle auch nicht äußert, so macht man doch einen bleibend unangenehmen Eindruck aufeinander, schon deshalb, weil die Gefühle nun einmal da sind, und dann darf man nicht mehr hoffen, daß man je etwas voneinander haben könnte. Wo Konvention ist, ist Mißtrauen, und durch Mißtrauen entstehen allerlei Intrigen. Mit etwas mehr Aufrichtigkeit würde man sich das Leben gegenseitig leichter machen. [14]

*

Man kann nicht immer Freund sein, man muß auch mal streiten. [15]

*

Du wirst fragen, wem nützt es denn, ein unangenehmer Mensch zu sein? – Es ist manchmal nötig. [16]

*

Wer aufrichtig lebt und wahre Mühe und Enttäuschung erfährt und sich dadurch nicht unterkriegen läßt, ist mehr wert als einer, dem alles leicht zufällt und der nichts kennt als dieses oder jenes Glück. [17]

*

Wenn wir nur danach trachten, aufrichtig zu leben, dann wird es uns schon gutgehen, selbst wenn wir unvermeidlichen, rechtschaffenen Verdruß und Enttäuschung erfahren, und auch, wenn wir, wie es wahrscheinlich ist, arge Fehler begehen und verkehrte Dinge tun werden; aber sicher ist es wahr, daß es besser ist, feurig von Geist zu sein, begeht man auch mehr Fehler, als beschränkt und allzu vorsichtig. [18]

*

Früher war ich ganz passiv und sanft und still, jetzt bin ich es nicht mehr; aber ich bin jetzt auch kein Kind mehr – ich fühle manchmal mich selbst. –

Ich sage Dir, man muß, wenn man aktiv sein will, keine Angst davor haben, einmal etwas verkehrt zu machen, keine Angst davor, in irgendeinen Fehler zu verfallen.

Viele denken, sie schaffen es, gut zu werden, wenn sie nur *nichts Böses* tun – das ist eine Lüge ... Es führt zu Stagnation und Mittelmäßigkeit. [19]

*

Nun sind es vielleicht schon fünf Jahre, genau weiß ich es nicht, daß ich ohne Stellung bin und umherirre; und Du sagst: Seit der und der Zeit ist es abwärts mit Dir gegangen, Du bist erloschen, Du hast nichts getan.

Ist das wirklich wahr? Es ist wahr, daß ich mir meine Brotrinde manchmal verdient habe und daß manchmal irgendein Freund sie mir aus Gnade gegeben hat – ich habe so gut oder so schlecht gelebt, wie ich konnte; es ist wahr, daß ich das Vertrauen von mehreren verloren habe; es ist wahr, daß meine Geldangelegenheiten sich in einem traurigen Zustand befinden; es ist wahr, daß die Zukunft nicht weniger düster ist; es ist wahr, daß ich es besser hätte anfangen können; es ist wahr, daß ich, gerade um mein Brot zu verdienen, Zeit verloren habe; es ist wahr, daß selbst meine Studien in einem traurigen und verzweifelten Zustand sind und daß mir unendlich viel mehr fehlt, als ich habe. – Aber heißt das, daß es abwärts geht, und heißt das nichts tun?...

Den Weg, auf dem ich mich befinde, muß ich weitergehen, denn wenn ich nichts tue, wenn ich nicht studiere, wenn ich nicht mehr suche, dann bin ich verloren, dann wehe mir.

So sehe ich die Sache – weitermachen, weitermachen, das ist es, was not tut. Aber was ist dein endgültiges Ziel, wirst Du sagen. Dieses Ziel wird bestimmter werden, wird langsam und sicher schärfere Umrisse annehmen, so wie die Zeichnung zur Skizze wird und die Skizze zum Bild, in dem Maße, wie man ernster arbeitet, wie man die anfangs unbestimmte Idee, den ersten flüchtigen und vorübergehenden Gedanken mehr und länger erforscht, bis sie sich festigen...

Eine der Ursachen nun, warum ich seit Jahren ohne Stellung bin, ist ganz einfach die, daß ich andere Ideen habe als die Herren, welche die Stellen den Individuen geben, die wie sie denken. Das ist nicht einfach eine Toilettenfrage, wie man mir heuchlerischerweise vorgeworfen hat, es ist eine ernstere Frage als das, ich versichere es Dir. [20]

*

Unfreiwillig bin ich in der Familie zu einem Menschen von einigermaßen ungewöhnlicher und verdächtiger Art geworden, zu jemandem, der irgendwie kein Vertrauen genießt; wodurch also könnte ich, wem auch immer, noch nützen? Darum vor allen Dingen bin ich geneigt zu glauben, daß es vorteilhaft ist und der beste Schritt und am vernünftigsten, wenn ich fortgehe und mich in gebührender Entfernung halte und nicht mehr vorhanden scheine. Was für die Vögel die Mauser ist, die Zeit, da sie ihre Federn wechseln, das sind die Widerwärtigkeiten, das Unglück oder die schweren Zeiten für uns Menschen. Man kann in dieser Zeit der Mauser verharren, man kann auch wie neugeboren daraus hervorgehen, aber gleichviel, es geschieht nicht öffentlich. Es ist auch wenig belustigend, und aus diesem Grunde ist es angebracht zu verschwinden . . .

Ich bin ein leidenschaftlicher Mensch, fähig und dazu bestimmt, mehr oder weniger unsinnige Dinge zu tun, die ich dann mehr oder weniger zu bereuen habe. Es passiert mir wohl, daß ich ein wenig zu schnell spreche und handle, wo es besser wäre, mit mehr Geduld zu warten. Ich glaube aber, daß andere auch manchmal ähnliche Unklugheiten begehen.

Was muß man unter diesen Umständen tun – muß man sich als gefährlichen, zu allem unfähigen Menschen betrachten? Ich denke nicht. Aber es handelt sich darum, mit allen Mitteln zu versuchen, noch aus seinen Leidenschaften Nutzen zu ziehen . . .

Anstatt also dem Heimweh zu erliegen, habe ich mir gesagt, daß die Heimat überall ist, statt mich in Verzweiflung geraten zu lassen, habe ich die tätige Melancholie erwählt, soweit ich imstande war, mich zu betätigen, oder, mit anderen Worten, ich habe die Melancholie, die hofft, die strebt und die sucht, derjenigen vorgezogen, die stillstehend verzweifelt...

Nun ist jemand, der von alldem absorbiert wird, manchmal anstößig, shocking für die anderen, und ohne es zu wollen, sündigt er mehr oder weniger gegen gewisse Formen, Gebräuche und gesellschaftliche Schicklichkeiten. Dennoch ist es schade, wenn man das übelnimmt. Du weißt z. B., daß ich oft meine Kleidung vernachlässigt habe, ich gebe das zu, daß es shocking ist. Aber Bedrängnis und Elend haben ihren Zweck, und dann sind sie manchmal ein gutes Mittel, sich die Einsamkeit zu verschaffen, die man braucht, um sich in dieses oder jenes Studium, das einen beschäftigt, vertiefen zu können. [21]

*

Was bin ich in den Augen der meisten? Eine Null oder ein Sonderling oder ein unangenehmer Mensch, jemand, der in der menschlichen Gesellschaft keine Stellung hat oder haben wird...

Gut – nehmen wir an, das alles wäre auch so, dann möchte ich durch meine Arbeit einmal zeigen, was im Herzen eines solchen Sonderlings, eines solchen Niemands steckt.

Dies ist mein Ehrgeiz, der weniger auf Groll als auf Liebe, trotz allem, gegründet ist, mehr auf ein Gefühl der Heiterkeit als auf Leidenschaft. [22]

*

Wenn ich im Ernst denken müßte, daß ich zu Hause hinderlich oder zur Last bin, weil ich weder zum einen noch zum anderen zu gebrauchen bin, und wenn ich gezwungen wäre, mich fortan Euch allen gegenüber als Eindringling oder Überflüssiger zu fühlen, so daß es besser wäre, wenn ich gar nicht existierte, und wenn ich dann immerfort danach trachten müßte, in Zukunft den anderen stets aus dem Wege zu gehen – wenn ich denke, daß es in der Tat so sein könnte und nicht anders, dann überwältigt mich ein Gefühl der Traurigkeit, und dann muß ich gegen die Verzweiflung ankämpfen. Es fällt mir schwer, diesen Gedanken zu ertragen und noch viel schwerer, den Gedanken zu ertragen, daß durch mich soviel Zwiespalt und Verdruß in unserer Mitte und in unserem Haus verursacht werden. Wäre es in der Tat so, dann würde ich wohl wünschen, es wäre mir beschieden, nicht mehr allzulange leben zu müssen. Doch wenn mich das manchmal über die Maßen niederdrückt, allzu tief, dann steigt auch zugleich nach langer Dauer der Gedanke in mir auf, vielleicht ist das alles nur ein langer, schrecklicher Traum, und wir werden später möglicherweise besser einsehen und begreifen lernen. Aber ist es nicht vielmehr die Wirklichkeit, und wird es am Ende gar nicht besser, sondern noch ärger werden? Vielen möchte es ohne Zweifel töricht und abergläubisch vorkommen, noch an eine Wendung zum Besseren zu glauben. – Es ist im Winter manchmal so furchtbar kalt, daß man sagt: Es ist allzu kalt, was kann es mich kümmern, ob noch ein Sommer kommt, das Üble ist stärker als das Gute. Aber mit oder ohne unsere Zustimmung kommt schließlich ein Ende des strengen Frostes, und eines schönen Morgens ist der

Wind umgeschlagen, und wir haben Tauwetter. – Wenn man die natürliche Witterungsbeschaffenheit mit unserem Gemütszustand und mit unseren nach Art des Wetters der Veränderung und dem Wechsel unterworfenen Verhältnissen vergleicht, dann habe ich noch einige Hoffnung, daß es besser werden kann. [23]

*

Es gibt einen Ruhepunkt, besser, notwendiger, unentbehrlicher als unser Zuhause bei unseren Eltern, wie gut, wie notwendig, wie unentbehrlich dieses auch sei, und das ist unser eigen Haus und Herd. [24]

*

Wir gehören nicht dahin, wo Vater und Mutter und Onkel hingehören, wir müssen mehr dem Modernen als dem Alten treu sein. Nach diesem Alten zurückzuschauen ist verhängnisvoll. Verstehen die Alten uns nicht, so darf uns das nicht aus dem Geleise bringen, und wir müssen unseren Weg auch gegen ihren Willen gehen; später werden sie selbst sagen: »Ja, Ihr hattet doch recht!« [25]

*

Heutzutage findet man oft sehr schwer Befriedigung in seinem Bedürfnis, einmal mit Menschen zu sprechen, die Rat zu erteilen wissen und von denen man lernt und Aufklärung bekommt, ohne daß sie den Schulmeister herauskehren, und die einem nicht nur ein paar große hohle Worte auftischen, die im Grunde entweder Totschläger oder Gemeinplätze sind. – Dafür ist *die Natur* etwas, von dem man viel lernen kann. [26]

*

Das manchen Ratschlägen schnurstracks Entgegengesetzte zu erproben ist ja oft etwas Praktisches, wobei man sich ganz wohl befindet. Darum ist es in vielen Fällen so nützlich, um Rat zu fragen. Gleichwohl gibt es Ratschläge, die in ihrem natürlichen Zustand brauchbar sind und die es nicht nötig haben, daß das Innerste nach außen oder das Unterste noch oben gekehrt werde. Diese letztere Art ist allerdings sehr selten und ebensosehr erwünscht, denn sie hat noch ganz besondere Eigentümlichkeiten. Die erstgenannte Art wächst überall in Hülle und Fülle, die letztere Art ist teuer; die erste kostet nichts und wird uns ungebeten scheffelweise ins Haus gebracht. [27]

*

Sagt dir jemand, du bist krank, so hilft das nicht viel, sagt aber jemand, tue dies oder jenes und du wirst gesund werden, und ist sein Rat kein Betrug, sieh, so ist es das Wahre, und das hilft dann auch. [28]

*

Der Kummer darf sich nicht in unseren Seelen ansammeln wie Wasser in einem Stauwerk. [29]

*

Was ist schlimmer: die Gefahr oder die Angst vor der Gefahr?

Dann lieber die Wirklichkeit, die Gefahr selbst . . .

Die Fischer wissen, daß die See gefährlich ist und der Sturm entsetzlich, aber sie haben niemals begreifen können, daß die Gefahren ein Grund wären, an Land zu bleiben und spazierenzugehen. [30]

*

Vorwärts – es schlägt ja nicht gleich der Blitz ein, wenn es mißlingt! Und wenn es mißlingt, dann wird es eben noch mal versucht. [31]

*

Ich kann mich auch nicht darum kümmern, was die Leute von mir denken – ich muß *vorwärts*, nur daran habe ich zu denken. Und deshalb gehe ich meinen Weg mit einem gewissen Eigensinn, indem ich an manche Dinge glaube und an andere nicht. [32]

*

Man darf sich nie trauen, wenn man ohne Schwierigkeiten oder irgendwelche Sorgen und Hindernisse ist, denn man soll es sich nicht zu leicht machen. Und auch in den gebildetsten Kreisen und der besten Umgebung und den besten Verhältnissen muß man etwas von der urprünglichen Art eines Robinson Crusoe oder eines Naturmenschen behalten: denn sonst wurzelt man nicht in sich selbst; man muß das Feuer in seiner Seele nie auslöschen lassen, sondern es anfachen. Und wer für sich selbst fortfährt, die Armut zu bewahren und sie zu lieben, der besitzt einen Schatz und wird die Stimme seines Gewissens stets deutlich sprechen hören; wer diese Stimme, die beste Gabe Gottes, in seinem Innersten hört, folgt ihr, findet zuletzt darin einen Freund und ist nie mehr allein.

Es ist gut, bei dem Glauben zu bleiben, daß alles wunderbar ist, weit mehr, als man begreifen kann; denn das ist die Wahrheit, und es ist gut, feinfühlig, bescheiden und zart von Herzen zu bleiben, auch wenn man dieses Gefühl manchmal verbergen muß, wie das öfter nötig ist; es ist gut, voller Wissen zu sein in den Dingen, die verborgen sind vor den Weisen und Verständigen dieser Welt, die aber von Natur den Armen und Einfältigen, den Frauen und Kindlein offenbart sind; denn was könnte man lernen, das besser wäre, als was Gott von Natur in jede Menschenseele gegeben hat und was auf dem Grund jeder Seele lebt und liebt und glaubt, es sei denn, daß man es mutwillig vernichtet.

Das ist das Bedürfnis nach nichts Geringerem als dem Unendlichen und Wunderbaren, und der Mensch tut wohl daran, wenn er nicht mit weniger zufrieden ist und sich nicht zu Hause fühlt, solange er das nicht errungen hat.

Das ist der innere Sinn, den alle großen Männer in ihren Werken ausgedrückt haben, alle, die etwas gedacht haben, alle, die etwas mehr gesucht und gearbeitet und mehr geliebt haben als die anderen, alle, die auf die stürmische See des Lebens hinausgesteuert sind. Hinaussteuern auf das stürmische Meer, das müssen auch wir, wenn wir etwas fangen wollen, und wenn es manchmal geschieht, daß wir die ganze Nacht zu arbeiten haben und nichts fangen, dann ist es gut, es dennoch nicht aufzugeben, sondern in der Morgenstunde das Netz nochmals auszuwerfen. [33]

*

Wenn man aus der Nähe analysiert, dann sieht man, daß die größten und energischsten Leute des Jahrhunderts immer gegen den Strom gearbeitet haben und daß es bei ihnen stets ein Arbeiten mittels persönlicher Initiative war. So ist es in der Malerei wie in der Literatur ... Man muß im kleinen etwas beginnen, ausharren trotz allem, viel produzieren mit einem kleinen Kapital, Charakter haben statt Geld, mehr Kühnheit als Kredit. [34]

*

Mit Bedauern und Die-Hände-in-den-Schoß-Legen kommt man nicht weiter, man muß vorwärtskrabbeln. [35]

*

Ich liebe es, die Initiative zum Handeln zu ergreifen. Man soll mit Taten, nicht mit Worten handeln. [36]

*

Wenn ich daran denke, daß ich von den meisten, die mich kennen, als ein mißratenes Subjekt betrachtet werde, dann ist es mir, als könnte ich wirklich so etwas werden, wenn sich nicht noch einige Dinge zum Guten wenden – und wenn ich denke, es *könnte so werden*, dann fühle ich das mit einer Deutlichkeit, daß es mich vollkommen niederdrückt und daß mir die Lust an allem vergeht, als wäre es tatsächlich so ...

Wie es in Wirklichkeit sein wird, das hängt nicht *allein* von mir ab – die Welt und die Umstände müssen auch mitwirken.

Worum ich mich kümmern muß und wofür ich verantwortlich bin, das ist, daß ich mit den Verhältnissen, in denen ich mich befinde, wuchere und mein möglichstes tue, um weiterzukommen ...

Vieles fängt eigentlich erst an, wenn man dreißig Jahre alt ist, und gewiß ist dann noch nicht alles zu Ende. Aber man erwartet nicht mehr *das* vom Leben, was es, wie man erfahren hat, nicht geben kann. Man beginnt vielmehr besser zu verstehen, daß das Leben nur eine Art Düngezeit ist, die Ernte findet nicht hier statt. [37]

*

Das ist es eben, was ich fürchte, eine unsympathische, schulmeisterliche, wenig feinfühlende und wenig diskrete Einmischung in meine intimsten Privatangelegenheiten. Kein Mensch kann dabei ruhig bleiben. [38]

*

Ein Mensch kann es schon einmal überwinden, wenn er erniedrigt und in der Liebe und in seinen Angelegenheiten und Plänen gekränkt wird. Aber das darf nicht zu oft geschehen. [39]

*

Kritik, die man mir mitteilt, schlage ich nicht systematisch in den Wind, allerdings ist in vielen Fällen mehr Zeit nötig, um etwas zu ändern, als auf die Änderung hinzuweisen. [40]

*

Ich wünschte sehr, daß diejenigen, die es gut mit mir meinen, begriffen, daß mein Tun und Lassen aus einem tiefen Gefühl und Liebesbedürfnis entspringen, daß Leichtsinn, Hochmut und Gleichgültigkeit nicht die Triebfedern sind, die die Maschine antreiben, und daß ich meine Wurzeln bescheiden am Wege schlage. Ich glaube nicht, daß ich gut daran täte, mich in einem höheren Stand zu versuchen oder viel an meinem Charakter zu ändern. Ich muß noch allerlei erleben, noch vieles hinzulernen, bevor ich reif bin; doch das ist eine Frage der Zeit und des Weiterarbeitens. [41]

*

Je aktiver, desto besser. Ich hätte lieber einen Mißerfolg, als stillzusitzen, ohne etwas zu tun. [42]

*

Ich behaupte, daß man sowohl anderen als auch speziell sich selber eine schlechten Dienst erweist, wenn man sich langweilt. Mir hat es trotz vieler weiser Lehren nie in den Kopf gewollt, daß es seine gute, poetische Seite haben kann, sich »um des Guten willen« zu langweilen. [43]

*

Wenn ich nicht meinem Herzen ab und zu einmal Luft machte, so würde der Dampfkessel springen, glaube ich. [44]

*

Nur wenn man sich *nicht* ändert, arbeitet man gegen die Natur. [45]

*

Die Welt respektiert niemals das »Menschliche« im Menschen, sondern die größeren oder geringeren Geld- oder Besitzwerte, die er hat, solange er auf dieser Seite des Grabes steht. Mit der anderen Seite des Grabes rechnet die Welt überhaupt nicht; deshalb geht die Welt auch nur so weit, wie ihre Füße reichen.

Ich für mein Teil habe jedoch gerade für die Menschen als Menschen Sympathie oder Antipathie, und ihre Umgebung läßt mich ziemlich kühl. [46]

*

Die Meinung der Welt – ich gebe keinen Groschen dafür. [47]

*

Worauf soll man denn im praktischen, wirklichen Leben seine Kraft, sein Denken und seine geistige Anspannung hinlenken?

Man muß einfach zugreifen und sagen: Dies will ich tun – und dann muß man es durchsetzen. Das kann dann zwar verkehrt ausgehen, und man kann gegen eine Mauer rennen, wenn es den Leuten nicht paßt – aber das braucht man sich doch nicht zu Herzen zu nehmen, nicht wahr? [48]

*

Um etwas Gutes leisten zu können, muß man eben viele Entwicklungen durchmachen; nun ist aber, wenn man sein möglichstes darauf verwendet, das, was man inzwischen macht, deshalb doch nicht schlecht. [49]

*

Was leicht ist, bedeutet auch wenig. [50]

*

Das Leben ist für niemanden lang, und es kommt nur darauf an, daß man etwas daraus macht. [51]

*

Wenn ich lese . . ., so tue ich das, weil die Schriftsteller die Dinge größer und milder und mit mehr Liebe betrachten als ich und die Wirklichkeit besser kennen, und somit, um etwas von ihnen zu lernen. Aber für all das Geplärre über Gut und Böse, über Sittlichkeit und Unsittlichkeit gebe ich eigentlich sehr wenig. [52]

*

Ich wünschte, daß alle Menschen das hätten, was ich nun allmählich zu entwickeln anfange, nämlich die Fähigkeit, ein Buch ohne Mühe in kurzer Zeit zu lesen und einen starken Eindruck davon zu behalten. Es geht mit dem Bücherlesen wie mit dem Bilderansehen, man muß, ohne zu zweifeln, ohne zu zaudern, seiner Sache sicher sein und schön finden, was schön ist. [53]

*

Bücher, Wirklichkeit und Kunst sind für mich ein und dasselbe. [54]

*

Gutdenken ... Vieldenken, dies alles erhebt den Gedanken, ob man will oder nicht, über das gewöhnliche Niveau. Wenn man lesen kann, so lese man auch!

Hinterher kann man dann für Augenblicke ein wenig zerstreut, ein wenig Träumer sein. Manche werden zu zerstreut, ein wenig zu sehr Träumer, ich vielleicht auch, aber das ist meine Schuld, und schließlich, wer weiß, hat es vielleicht seine Ursache, wenn ich aus diesem oder jenem Grund absorbiert, in Gedanken, unruhig gewesen bin; aber man belebt sich wieder. Der Träumer stürzt manchmal in einen Brunnen, aber nachher steigt er wieder empor, sagt man.

Und auch der zerstreute Mensch hat für Augenblicke seine Geistesgegenwart, gleichsam zur Entschädigung. Manchmal ist es jemand, der aus diesem oder jenem Grund seine Existenzberechtigung hat, die man nicht immer gleich im ersten Moment erkennt oder die man aus Zerstreutheit sehr oft unwillkürlich vergißt. Auch wer lange wie ein Spielball auf stürmischer See umhergetrieben wurde, erreicht endlich seine Bestimmung, wer zu nichts nütze schien, unfähig, irgendeinen Posten, irgendeine Funktion auszufüllen, findet zum Schluß eine und zeigt sich tätig und tatkräftig ...

Ich wäre sehr froh, wenn Du in gewisser Hinsicht etwas anderes in mir sehen könntest als eine Art Tagedieb. Außerdem gibt es Faulenzer und Faulenzer, die sich durchaus voneinander unterscheiden.

Der eine ist ein Tagedieb aus Faulheit und Feigheit des Charakters, infolge der Verworfenheit seiner Natur; wenn Du es richtig findest, kannst Du mich für einen solchen halten.

Sodann gibt es den anderen Müßiggänger, den Nichtstuer wider Willen, der innerlich von einem großen Verlangen zur Tat verzehrt wird, der nichts tut, weil er nicht in der Lage ist, etwas zu tun, weil er nicht die Mittel hat, um produktiv zu sein, weil das Mißgeschick der Verhältnisse ihn bis zu diesem Punkt herunterdrückt; so einer weiß nicht einmal immer selbst, was er tun könnte, aber er fühlt doch instinktiv: Ich tauge zu etwas, ich habe eine Existenzberichtigung, ich weiß, daß ich ein ganz anderer Mensch sein könnte! Womit könnte ich nützlich sein, wozu könnte ich dienen? Es ist etwas in mir, was ist es nur? Dies ist ein ganz anderer Nichtstuer, und wenn Du es richtig findest, dann magst Du mich auch für einen solchen halten! Ein Vogel im Käfig weiß sehr gut im Frühling, daß es etwas gibt, wozu er tauglich wäre, er fühlt sehr wohl, daß er etwas tun sollte, aber er kann es nicht ausführen.

Was ist es doch gleich? Er erinnert sich nicht mehr recht; er hat nur eine dunkle Ahnung, sagt sich: »Die anderen bauen ihre Nester, haben ihre Jungen und ziehen die Brut auf.« Dann zerschlägt er sich den Schädel am Gitter des Käfigs, aber der Käfig bleibt, und der Vogel ist wahnsinnig vor Schmerz.

»Seht den Tagedieb«, sagt ein anderer Vogel, der vorbeifliegt... Dennoch lebt der Gefangene weiter und stirbt nicht, nichts von dem, was in seinem Innern geschieht, zeigt sich äußerlich, er befindet sich wohl und ist bei Sonnenschein mehr oder weniger munter. Dann kommt die Zeit der Zugvögel, er hat Anfälle von Melancholie – aber er hat doch alles, was er braucht, sagen die Kinder, die ihn in einem sauberen Käfig pflegen. Er sieht jedoch draußen den bewegten, sturmgeladenen Himmel und fühlt den Aufruhr gegen das Schicksal in seinem Innern. »Ich bin im Käfig, ich bin ein Käfig, es fehlt mir nichts, Ihr Dummköpfe! Ich habe alles, was ich brauche? Aber, ach, nicht die Freiheit, ein Vogel zu sein wie die anderen Vögel!«

Solch ein Müßiggänger gleicht diesem müßigen Vogel.

Und die Menschen sind oft nicht in der Lage, etwas zu tun, sind gefangen in irgendeinem Käfig, was der Schrecken aller Schrecken ist. Es kommt auch eine Befreiung, ich weiß es, eine verspätete Befreiung. Doch ein, zu Recht oder Unrecht, verdorbener Ruf, Bedrängnis, mißliche Verhältnisse und Unglück, das macht einen zum Gefangenen. Man kann nicht immer sagen, was es ist, das einen einschließt, mit einer Mauer umgibt und einen zu begraben scheint, aber man fühlt doch irgendeinen Riegel, ein Gitter, Mauern.

Ist das alles Einbildung, Phantasie? Ich denke nicht, und dann fragt man sich: Mein Gott, geht das noch lange so, immer, in alle Ewigkeit? Weißt Du, was das Gefängnis verschwinden läßt? Jede ernste, tiefe Neigung, Freund sein, Bruder sein, lieben, das öffnet das Gefängnis mit souveräner Macht, mit übermächtigem Zauber. Wer aber nichts dergleichen hat, verharrt im Tod. Nur da, wo Sympathie ersteht, ersteht das Leben. Manchmal heißt das Gefängnis auch Vorurteil, Mißverständnis, verhängnisvolle Unwissenheit, Mißtrauen, falsche Scham.

Ich denke mir nun, daß alles, was wahrhaft gut und schön ist, von einer inneren, moralischen, geistigen und erhabenen Schönheit in den Menschen und in ihrem Schaffen, von Gott kommt...

Jemand liebt z. B. Rembrandt, aber wirklich ernsthaft, dann wird er sicher wissen, daß es einen Gott gibt, er wird fest daran glauben.

Jemand vertieft sich in die Geschichte der Französischen Revolution – er wird auch nicht ungläubig sein! Er wird sehen, daß es auch in großen Dingen eine souveräne Macht gibt, die sich kundtut.

Jemand hätte für kurze Zeit den unentgeltlichen Kursen der großen Hochschule des Elends beigewohnt und hätte geachtet auf die Dinge, die er mit seinen Augen sieht und mit seinen Ohren hört, und er hätte darüber nachgedacht – auch er würde dahin kommen zu glauben, und er würde vielleicht mehr lernen, als er sagen könnte. [55]

*

Es ist gut, soviel zu lieben, wie man kann; denn darin liegt die wahre Stärke, und wer viel liebt, der tut viel und vermag viel. [56]

*

Wenn man nur getreulich fortfährt zu lieben, was wahrlich der Liebe würdig ist, und wenn man seine Liebe nicht verschwendet an unbedeutende, nichtige und feigherzige Dinge, dann wird man nach und nach stets mehr Liebe empfangen und stärker werden. [57]

*

Weil ich so viele Schwache zertreten sehe, zweifle ich sehr an der Echtheit von vielem, was man Fortschritt und Bildung nennt. Ich glaube schon an Bildung, selbst in dieser Zeit, doch allein an jene Art, die auf wirkliche Menschenliebe gegründet ist. Was Menschenleben kostet, finde ich barbarisch, und das respektiere ich nicht. [58]

*

Die Leidenschaften müssen mir bessere Früchte bringen, sie müssen nicht vermindert werden, sondern sie müssen durch die Liebe ein Gegengewicht erhalten . . .

In der Tat ist die Liebe von allen Mächten die mächtigste; sie macht uns nur scheinbar abhängig – in Wahrheit besteht keine wirkliche Unabhängigkeit, keine wahre Freiheit, keine unerschütterliche Selbständigkeit als durch sie. Durch die Liebe, sage ich, wird unser Pflichtgefühl geweckt und wird unsere Arbeit uns klar, und indem wir lieben und die Pflichten der Liebe erfüllen, tun wir Gottes Willen. [59]

*

Wenn Du mich fragst, wie es komme, daß Du mich nie sagen hörst: »Ich möchte so oder so sein«, so antworte ich, deshalb, weil ich finde, daß die, welche am meisten mit ihrem »ich möchte so oder so sein« herumhausieren, am wenigsten tun, um sich selbst zu bessern.

Die es sagen, die *tun* es meistens nicht. [60]

*

Es ist wahrhaftig Vermessenheit, sich seiner Sache sicher zu fühlen, wohl aber darf man glauben; mein Seelenkampf wird nicht vergebens sein, und ich will ihn kämpfen, ungeachtet all meiner eigenen Schwachheit und Fehler will ich ihn kämpfen, so gut und so schlecht ich kann. [61]

*

In meinem tiefsten Inneren ist wieder der Glaube erwacht, daß es etwas Gutes ist und daß es der Mühe wert ist, sich anzustrengen und sein Bestes zu tun, um das Leben ernst aufzufassen. [62]

*

Ich glaube immer, daß das »Liebe deinen Nächsten wie dich selbst« keine Übertreibung ist, sondern der normale Zustand. [63]

*

Große Pläne für die Zukunft habe ich nicht, und mag auch mal für einen Augenblick die Lust nach einem sorgenfreien Leben und nach Glück in mir aufkommen, so kehre ich doch stets mit Liebe zur Mühe, zur Sorge, zum mühseligen Leben zurück und denke: »Es ist besser so, ich lerne mehr dabei, ich bin deshalb auch um nichts weniger wert, auf diesem Weg geht man nicht unter.« [64]

*

Man müßte sich ein bißchen Sonne suchen, ohne einen anderen in den Schatten zu drängen. [65]

*

Ich glaube nicht, daß das, was einige Gott, andere das höchste Wesen und wieder andere die Natur nennen, ungerecht und unbarmherzig ist. [66]

*

Wer sich den Glauben an einen Gott bewahrt hat, hört zuweilen einen leisen Anruf des Gewissens, dem man dann vielleicht guttut, mit der Naivität eines Kindes zu folgen, ohne daß man mit der Welt mehr darüber spricht, als unbedingt nötig ist. [67]

*

Ich glaube mehr und mehr, daß man den lieben Gott nicht nach dieser Welt beurteilen darf, denn das ist eine seiner mißlungenen Arbeiten.

Aber wenn man einen Künstler liebt, dann findet man an seinen mißlungenen Arbeiten nicht viel zu kritisieren. Man schweigt. Nur fühlt man sich berechtigt, bessere zu verlangen.

Für uns wäre es nötig, noch andere Arbeiten von der gleichen Hand zu sehen. Denn diese Welt ist augenscheinlich in der Hetze verpatzt worden in einem der schlechten Augenblicke, wo der Schöpfer nicht mehr wußte, was er machte, oder nicht mehr mit dem Kopf dabei war. Die Legende allerdings erzählt uns vom lieben Gott, daß er sich kolossal viel Mühe gegeben habe mit der Schöpfung dieser Welt.

Ich glaube, die Legende hat recht, aber trotzdem hinkt die Studie überall, wo man hinsieht. Nur Meister können die Täuschung durchschauen und zugleich täuschen. Das ist vielleicht der beste Trost, und wenn man die Sache von da aus sieht, darf man hoffen, daß die gleiche schöpferische Hand auch den Ausgleich schafft. So gesehen, dürfen wir dieses Leben, das so anfechtbar ist und aus so guten und selbst besonderen Vernunftgründen kritisiert werden kann, für nichts anderes nehmen, als was es ist. Dann bleibt uns die Hoffnung, in einem anderen Leben etwas Besseres als hier zu sehen. [68]

*

Schon die Vorstellung des Lebens ist ein Rätsel, und die Wirklichkeit macht, daß es ein Rätsel in einem Rätsel wird. Und wer sind wir, um es zu lösen? Gleichwohl, wir sind ein Atom davon, sind selbst von der Gesellschaft, von der wir fragen: Wohin geht sie, zum Teufel oder zu Gott? [69]

*

Dieser Gott der Pfaffen – für mich ist er mausetot. Aber bin ich darum Atheist? Die Pfarrer halten mich dafür ... aber ich liebe, und wie würde ich Liebe fühlen können, wenn ich selbst nicht lebte und andere nicht lebten, und wenn wir leben, so ist etwas Wunderbares darin. Nenne das nun Gott oder die menschliche Natur oder was Du willst, aber es gibt ein gewisses Etwas, das ich nicht definieren kann und das mir, obwohl es außerordentlich lebendig und wirklich ist, als eine Art Gesetzmäßigkeit erscheint, und sieh, das ist nun mein Gott oder so gut wie mein Gott. [70]

*

Vergötterung ist keine Liebe. [71]

*

Der Stachel, der Feuerfunke, den wir nötig haben, das ist die Liebe, und durchaus nicht gerade die mystische Liebe. [72]

*

Ich möchte einmal bei einer Frau sein, ich kann nicht leben ohne Liebe, ohne Frau. Ich gäbe keine Groschen für das Leben, wenn nicht etwas Unendliches, etwas Tiefes, etwas Wirkliches darin wäre.

Wenn ich irgend etwas bereue, dann dies, daß ich früher eine Zeit gehabt habe, in der ich mich durch mystische und theologische Tiefsinnigkeiten habe verleiten lassen, mich zu viel in mich selbst zurückzuziehen. Allmählich bin ich davon abgekommen. Wenn man morgens aufwacht und nicht alleine ist und bei sich dann in der Dämmerung ein Mitmenschlein sieht, so macht das die Welt um sehr vieles angenehmer als Erbauungsbücher und weißgetünchte Kirchenmauern, in welche die Pfarrer verliebt sind. [73]

*

Zwei gute Menschen – Mann und Frau vereint, dasselbe wollend und bezweckend, von demselben Ernst erfüllt, was vermöchten die eigentlich nicht!

Darüber habe ich oft nachgedacht.

Denn durch Vereinigung wird die Kraft zum Guten nicht nur verdoppelt, sondern vielfach verdoppelt – wie durch Potenzierung, um es einmal arithmetisch auszudrücken. [74]

*

In den Vordergrund muß man aber stellen, daß Treubleiben das erste und wichtigste in jeder Liebe ist. [75]

*

Es gibt schon ein Welken und Wiederaufkeimen in der Liebe, ebenso wie in der ganzen Natur, aber kein vollständiges Absterben. Es gibt wohl Ebbe und Flut, aber die See bleibt See, und in der Liebe, sei es zu einer Frau, sei es zur Kunst, gibt es Zeiten der Erschöpfung und Kraftlosigkeit, doch keine dauernde Entzauberung. [76]

*

Ich betrachte die Liebe – ebenso wie die Freundschaft – nicht etwa nur als ein Gefühl, sondern vor allem als eine Tat, und gerade, wenn sie ein Handeln und eine Anstrengung ist, dann muß sie, auf der Kehrseite, auch Ermattung und Kraftlosigkeit mit sich bringen. Wenn man aufrichtig und auf Treu und Glauben liebt, dann ruht, glaube ich, Segen darauf, obwohl auch dieser schwere Zeiten nicht fernhält. [77]

*

Die Frauen wechseln wie das Wetter. Nun, wer ein Auge dafür hat, sieht etwas Schönes und Gutes in *jedem* Wetter, er findet Schnee, brennende Sonne, Sturm und ruhiges Wetter schön, er findet Kälte und Hitze gut, hat alle Jahreszeiten gern, will keinen Tag des Jahres missen und ist im Grunde damit zufrieden, daß die Dinge sind, wie sie sind; doch auch wenn man das Wetter und die wechselnden Jahreszeiten so auffaßt und ebenso die veränderliche weibliche Natur – indem man im Grunde davon ausgeht, daß Vernunft auch im Rätselhaften sei –, und wenn man sich bescheidet, wo man nicht begreift, also, selbst wenn man dieser Auffassung wäre, so ist unsere eigene Natur und Anschauungsweise doch nicht immer und in jedem

Augenblick in Harmonie und gleicher Stimmung mit derjenigen der Frau, mit der wir verbunden sind, und so fühlt man seinerseits Sorge, Unzufriedenheit oder Zweifel, trotz des Glaubens, des guten Mutes oder der Ruhe, die man hat. [78]

*

Es ist gut, die Liebe so reifen zu lassen, daß das Heiraten eigentlich eine große Nebensache wird. Das ist sicherer, und niemand erleidet Schaden dadurch. [79]

*

Ob ich nun richtig oder unrichtig handle, ich kann nicht anders... ich kann, ich mag, ich will nicht ohne Liebe leben. Ich bin nur ein Mensch, und zwar ein Mensch mit Leidenschaften, ich muß zu einer Frau, sonst erfriere ich oder versteinere... [80]

*

Leben, arbeiten und lieben sind eigentlich eins. [81]

*

Wenn bei jemandem Geld- und Ehrsucht nicht geringer sind als die Liebe, dann ist meine Erachtens etwas verkehrt in dem Menschen, und wenn ein Mann nur Liebe hat und es nicht versteht, Geld zu verdienen, dann hapert es ihm auch an etwas.

Ehrsucht und Geldgier ist eine Firma in unserem Inneren, die der Liebe sehr feindlich ist. Diese beiden Kräfte sind in uns allen im Samen oder Keim von Beginn an, später im Leben entwickeln sie sich meistens in ungleichem Verhältnis, bei dem einen die Liebe, bei dem andern Ehrsucht und Geldgier. Doch können wir, Du und ich, in unserem Alter wohl ab und zu selbst etwas tun, um den Kram in unserem Innern in Ordnung zu halten. Ich bin der Meinung, daß die Liebe, wenn sie zu voller Entwicklung kommt, Menschen von wertvollerem Charakter liefert als die gegenüberstehende Leidenschaft, Ehrsucht & Co. Aber gerade weil die Liebe so stark ist, sind wir, besonders in unserer Jugend, ich meine mit 17, 18, 20 Jahren, meistens nicht stark genug, um unser Steuer geradezuhalten.

Die Leidenschaften sind die Segel des Schiffleins, siehst Du. Und jemand, der sich mit 20 Jahren ganz seinem Gefühl hingibt, fängt zuviel Wind, sein Boot läuft voll Wasser, und er geht unter – oder vielleicht kommt er doch wieder obenauf.

Wer hingegen das Segel Ehrsucht & Co. und kein anderes an seinem Mast hißt, segelt gerade hin durch das Leben, ohne Unglücksfälle, ohne Bocksprünge, bis – ja bis endlich, endlich die Umstände kommen, in denen er merkt: Ich habe nicht genug Segel – und dann sagt er: »Alles, alles, was ich habe, möchte ich hingeben für einen Quadratmeter Segel mehr, und ich habe ihn nicht!« Da verzweifelt er.

Doch nun besinnt er sich, daß er noch andere Mittel dazugeben könnte, er denkt an das bis heute verachtete Segel, das er bisher beim Ballast geborgen hatte. Und dieses Segel rettet ihn. Das Segel Liebe muß ihn retten, wenn er das nicht hinzunimmt, kommt er nicht ans Ziel. [82]

*

Nein, nein – keine Gewinnberechnung – man liebt, weil man liebt. [83]

*

Was für eine Liebe war das, die ich in meinem 20. Jahr hatte? Schwer zu definieren, meine physischen Leidenschaften waren damals sehr schwach, vielleicht durch ein paar Jahre arger Armut und harter Arbeit. Meine geistigen Leidenschaften aber waren stark, ich meine damit, daß ich darauf ausging, nur zu geben, doch nicht empfangen zu wollen, ohne daß ich etwas zurückverlangt oder Gnade angenommen hätte. Unsinnig, verkehrt, übertrieben hochherzig, vermessen; denn in Sachen der Liebe muß man nicht allein geben, vielmehr auch nehmen, und umgekehrt nicht allein nehmen, sondern auch geben.

Wer zur rechten oder zur linken Seite abweicht, der fällt; da gibt es keine Gnade...

Die beiden Extreme, erstens alles verlangen, ohne etwas zu geben, zweitens nichts verlangen und alles geben, die sind von Übel... Das erste liefert uns die Mitglieder der menschlichen Gesellschaft, die man Lumpen, Diebe, Wucherer etc. etc. nennt, das zweite liefert uns Jesuiten und Pharisäer, männliche und weibliche, also ebenfalls Lumpen. [84]

*

»Alles für Alles« ist das Eigentliche, Echte, Wahre. [85]

*

Die Wahrheit ist an sich schön. [86]

*

Die Liebe ist eben etwas Positives, etwas Starkes, etwas so Wirkliches, daß es für jemanden, der liebt, durchaus unmöglich ist, dieses Gefühl zu widerrufen, ebenso unmöglich, wie Hand an sein eigenes Leben zu legen. Sagst Du nun darauf: »Aber es gibt doch Menschen, die Hand an ihr eigenes Leben legen«, so antworte ich einfach: »Ich glaube eigentlich nicht, daß ich ein Mensch mit derartigen Neigungen bin.« Ich habe sehr viel Lust zum Leben bekommen und bin sehr froh, daß ich liebe. Mein Leben und meine Liebe sind eins. [87]

*

Wer liebt, lebt, wer lebt, arbeitet, wer arbeitet, der hat Brot.

So bin ich denn ruhig und gefaßt, und gerade das hat Einfluß auf meine Arbeit, die mich je länger, je mehr anzieht, gerade weil ich mir bewußt bin, daß ich darin etwas erreichen werde. Nicht daß ich etwas Außergewöhnliches werden könnte, etwas »Gewöhnliches« jedoch auf jeden Fall, und dann verstehe ich unter »gewöhnlich«, daß meine Arbeit gesund und raisonable sein wird und eine Daseinsberechtigung hat und zu etwas nütze ist. Ich glaube, daß uns nichts so sehr in die Wirklichkeit trägt wie eine wirkliche Liebe. Und wer in die Wirklichkeit getragen wird, ist der auf einem schlechten Weg? Ich denke, nicht. [88]

*

Wäre es nicht möglich, daß man, wenn man eine Sache liebt, sie besser und richtiger sieht, als wenn man sie nicht liebt? [89]

Unwillkürlich neige ich immer zu dem Glauben, daß viel zu lieben das beste Mittel sei, um Gott zu erkennen. Liebe einen Freund, eine Person, eine Sache, was Du willst, sage ich mir, so wirst Du auf dem rechten Weg sein, mehr darüber zu erfahren. Aber man muß mit einer hohen und innig ernsten Sympathie lieben, mit Willen und Intelligenz, und man muß immer trachten, eingehender, besser und mehr zu wissen. Das führt zu Gott, das führt zum unerschütterlichen Glauben. [90]

*

Was für ein Rätsel ist doch das Leben, und was für ein Rätsel in diesem Rätsel ist die Liebe. Sich gleichbleiben – das ist das einzige, was sie, im buchstäblichen Sinn, sicherlich *nicht* tut, doch andrerseits sind die Veränderungen eine Erscheinung von der gleichen Art wie Flut und Ebbe und ändern an der See selbst nichts. [91]

*

Ich bin kein Freund des gegenwärtigen Christentums, war auch der Stifter sublim – dem heutigen Christentum jedenfalls habe ich zu gut in die Karten gesehen. Es hat mich in meiner Jugend selbst fasziniert, dies Eiskalte, aber seitdem räche ich mich – wodurch? Dadurch, daß ich die Liebe, die *sie*, die Theologen, Sünde nennen, anbete, oder auch dadurch, daß ich eine Hure respektiere etc. und viele sogenannte ehrwürdige, fromme Damen *nicht*.

Die Frau ist für die eine Partei immer Ketzerin und Teufelswerk – für mich ist sie das Entgegengesetzte. [92]

*

Gerade im Umgang mit Frauen lernt man so viel für die Kunst. [93]

*

Ich weiß, daß es Frauen gibt, die, absurd genug – denn sie tun viel mehr Böses als die Männer –, ganz und gar vom Ehrgeiz gelenkt werden; ihr Typus ist Lady Macbeth. Diese Frauen sind verhängnisvoll, und man muß sie meiden, ungeachtet ihrer Reize, oder man wird ein Schurke und steht in kurzer Zeit vor einer entsetzlichen Schuld, die man begangen hat und nie wiedergutmachen kann. [94]

*

Liebe bringt einen immer in Schwierigkeiten, das ist wahr, aber sie hat den Vorzug, daß sie Energie verleiht.

Von mir selbst glaube ich, daß ich noch nicht genug Erfahrung mit Frauen habe. Was uns in dieser Hinsicht in der Jugend gelehrt worden ist, taugt nichts, das steht fest – denn es war völlig naturwidrig, und man muß sehen, durch Erfahrung zu lernen. Es wäre ja außerordentlich erfreulich, wenn man gut wäre und die Welt gut wäre etc., jawohl – doch es kommt mir so vor, als käme man, je länger desto mehr, zu der Erfahrung, daß wir selbst ebensowenig taugen wie die Welt im allgemeinen – von der wir ein Stäubchen sind –, und die Welt ebensowenig wie wir selbst. Ob man möglichst sein Bestes tut oder ob man gleichgültig handelt, es wird immer etwas anderes – es geht immer anders aus, als man eigentlich wollte. Aber wie dem auch sei, ob man besser oder schlechter, glücklicher oder unglücklicher davonkommt, *etwas* tun ist besser als *nichts* tun.

Wenn man sich nur davor hütet, ein steifer, selbstgerechter Stock zu werden, dann darf man *selbst* so gut sein, wie man will. [95]

*

Die Grenzen des Mitleids liegen nicht da, wo die Welt sie zieht. [96]

*

Mancher hat ein großes Feuer in seiner Seele, und nie kommt jemand, sich daran zu wärmen, und die Vorübergehenden gewahren nur ein klein wenig Rauch oben über dem Schornstein und gehen weiter ihres Weges. Was also beginnen? [97]

*

Wir fühlen uns wohl einmal einsam und verlangen nach Freunden und meinen, daß wir ganz anders und glücklicher wären, wenn wir so einen fänden, einen Freund, von dem wir sagen könnten: »Das ist das Richtige«, aber Du wirst auch bereits beginnen zu merken, daß viel Selbstbetrug dahinter steckt und daß dieses Verlangen, wenn wir ihm zu sehr nachgeben, uns vom Wege abbringen würde. [98]

*

Unglück ist immer zu etwas gut. [99]

*

Denke nicht, daß ich mit Geringschätzung auf Leute herabsehe, weil ihr Leben nicht auf ernsthaften und wohlüberlegten Prinzipien beruht. Meine Ansicht hierüber ist folgende: Das Resultat muß eine *Tat* sein, keine abstrakte Idee. Prinzipien finde ich nur dann gut und der Mühe wert, wenn sie sich zu Taten entwickeln, und ich finde es gut, nachzudenken und zu versuchen, gewissenhaft zu sein, weil das die Arbeitskraft eines Menschen in hohem Maße bestimmt und seine verschiedenen Taten zu einem Ganzen macht. [100]

*

Das Große wird nicht durch ein nur impulsives Handeln, sondern durch das Zusammenwirken vieler kleiner Dinge hervorgebracht, die man sich zu einem Ganzen hat vereinigen lassen. [101]

*

Gerade weil es außergewöhnlich ist, bleibt das Gute. Nicht jeden Tag wird es hervorgebracht, niemals wird es fabrikmäßig zu gewinnen sein, aber was davon da ist, das ist da, und das verschwindet nicht, sondern bleibt. Und kommt später eine andere Art von Gutem, dann behält das erste doch seinen Wert, und deshalb meine ich, daß man nicht trauern soll, weil dies oder das nicht allgemein wird; auch wenn es nicht allgemein wird, so ist, was einmal an Gutem und Schönem vorhanden ist, eben doch da. [102]

*

Die kleinen Gerührtheiten sind die großen Kapitäne unseres Lebens, und wir folgen ihnen, ohne es zu wissen. – Wir wollen also nicht vergessen, daß unsere Spleens und unser Trübsinn, unsere Behaglichkeit und unser Menschenverstand nicht unsere einzigen Führer sind, vor allen Dingen nicht unsere endgültigen Wächter. [103]

*

Sentiment und Sentimentalität sind zwei sehr verschiedene Dinge. [104]

*

Das Gute zeigt sich uns im Leben als ein so hohes Licht, daß es sich von selbst versteht, daß wir es schließlich nicht ganz erreichen können. Doch müssen wir unsere Skala vielleicht auch tiefer stimmen – wenn wir uns nur bemühen, trotzdem licht zu bleiben und nicht dem Toten zu verfallen! So ist es am vernünftigsten, so wird uns das Leben weniger unmöglich. [105]

*

Man braucht zur Vollendung schöner Dinge eine gute Dosis Eingebung, einen Lichtstrahl von oben, der uns überkommt. [106]

*

Wir dürfen gegen unsere Wünsche nicht zu sehr abstumpfen und durch Sorgen zu schwerfällig werden. [107]

*

Ich habe immerhin die Hoffnung, daß, wie in der Algebra, das Produkt zweier *Negative ein Positiv* wird, auch *Mißerfolge am Ende Erfolge* werden können. [108]

*

Ich fühle mehr und mehr, daß es sich schwer entscheiden läßt, welche Art des Arbeitens die beste ist. Es gibt so viel Schönes auf der einen und so vieles auf der anderen Seite, dabei auch noch so viel Verkehrtes, daß man zuweilen nicht mehr weiß, welchen Weg man wählen soll. Auf jeden Fall aber muß man arbeiten. [109]

*

Was weiß ich, ob ich dieses oder jenes Ziel erreichen werde, wie kann ich im voraus wissen, ob sich die Schwierigkeiten werden überwinden lassen.

Man muß schweigend weiterarbeiten und den Ausweg abwarten. Verschließt sich die eine Aussicht, so öffnet sich an ihrer Stelle vielleicht eine andere – irgendeine Aussicht *muß* dasein, und eine Zuflucht ebenso, auch wenn man ihre Geographie nicht kennt. Das Gewissen ist der Kompaß der Menschen, und obwohl zuweilen Abweichungen der Nadel vorkommen, obwohl man, vor allem, Ungenauigkeiten begeht, auch während man sich danach zu richten sucht, so muß man doch sein möglichstes tun, um seinen Kurs zu halten. [110]

*

Wenn man die Arbeit unter dem Gesichtspunkt des Unendlichen betrachtet und einsieht, daß sie Daseinsberechtigung hat und Weiterbildung fordert, dann arbeitet man heiter. [111]

*

Ich fühle in mir eine solche Schaffenskraft, ich habe die Überzeugung, daß eine Zeit kommen wird, da ich sozusagen *täglich* etwas Gutes machen werde, und das regelmäßig ...

Ich tue mein Bestes und setze meine ganze Kraft daran; denn ich habe ein unbändiges Verlangen, schöne Sachen zu machen – aber schöne Sachen kosten Mühe, Enttäuschung und Ausdauer. [112]

*

Wir kennen das Leben so wenig, wir sind so wenig fähig, das Gute oder das Schlechte, das Gerechte oder das Ungerechte zu beurteilen, und es ist nicht erwiesen, ob man sagen darf, man ist unglücklich, weil man leidet. [113]

*

Du weißt aus der Naturkunde, daß ein Gegenstand, in eine Flüssigkeit getaucht, so viel an Gewicht verliert, wie das spezifische Gewicht der Flüssigkeitsmenge beträgt, die der Körper verdrängt. Dadurch kommt es, daß manche Dinge schwimmen und daß auch die, welche untersinken, unter Wasser leichter sind als in der Luft. Etwas Derartiges – eine Art von festem Naturgesetz – scheint auch für das Arbeiten zu gelten, so nämlich, daß man, wenn man bei der Arbeit ist, mehr Arbeitskraft fühlt, als man vorher zu besitzen glaubte, oder besser, in der Tat besitzt. [114]

*

Je mehr man in einem bestimmten Schaffenskreise und in einem bestimmten Fach tüchtig zu werden sucht und eine einigermaßen selbständige Denk- und Handlungsweise annimmt, und je mehr man sich an feste Regeln hält, einen desto festeren Charakter wird man bekommen und braucht darum doch nicht beschränkt zu werden.

Es ist weise, das zu tun, da das Leben nur kurz ist und die Zeit schnell vorbeigeht; wenn man in einer Sache tüchtig ist und eines gut begreift, dann hat man obendrein Einsicht und Kenntnis von vielem anderen zugleich. [115]

*

Obwohl inmitten von finanziellen Schwierigkeiten, fühle ich doch, daß nichts solider ist als ein Handwerk, im buchstäblichen Sinn des Arbeitens mit den Händen. [116]

*

Es muß einer ein bestimmtes Handwerk haben und mit seinen eigenen Händen etwas hervorbringen – andernfalls zweifle ich an der Solidität seiner Existenzbedingungen ... Vor Denkkraft und Intelligenz habe ich viel Respekt, sind diese aber mangelhaft, dann geht man trotz seines Handwerks zugrunde, weil man nicht Widerstand leisten und sein eigenes Werk nicht verteidigen kann ...

Doch gerade bei Menschen, die Denkkraft und Intelligenz besitzen, kann man davon ausgehen, daß sie ganz besonders für das Handwerk befähigt sind. [117]

*

Ein Mensch erreicht etwas nicht auf einmal, und die meisten von denen, die etwas sehr Gutes geworden sind, haben eine lange, anstrengende Zeit der Vorbereitungen durchgemacht, als Fels, auf den sie ihr Haus gründen. [118]

*

Wirklich, das Leben ist ein Kampf, und man muß sich verteidigen und zur Wehr setzen, frischen und wachen Geistes muß man Pläne schmieden und Berechnungen machen, um vorwärtszukommen. Wird es auch nicht in dem Maße leichter, in dem man vorwärtskommt, so entwickelt sich durch das Überwinden der Schwierigkeiten, in denen man sich befindet, doch eine innere Kraft aus unserem Herzen, das im Kampf des Lebens besser wird – man wächst mit dem Sturm. [119]

*

Wenn ich an die Vergangenheit denke, wenn ich an die Zukunft denke, an beinahe unüberwindliche Schwierigkeiten, an viele und mühsame Arbeit, zu der ich keine Lust habe, daß ich z. B. das böse Ich gerne umgehen möchte, wenn ich an die Augen so vieler denke, die auf mich gerichtet sind – die wissen werden, woran es liegt, wenn ich nicht bestehe –, die mir keine alltäglichen Vorwürfe machen werden, aber die, weil erprobt und geübt in dem, was gut und edel und sozusagen Feingold ist, durch den Ausdruck ihres Gesichtes sagen werden: »Wir haben dir geholfen und sind dir ein Licht gewesen, wir haben an dir getan, was wir konnten. Hast du aufrichtig gewollt, was ist nun unser Lohn und die Frucht unserer Arbeit?« Sieh, wenn ich an das alles denke und an noch so vieles andere – zu viel, um es aufzuzählen –, an all die Mühseligkeiten und Sorgen, die nicht weniger werden bei fortschreitendem Leben, an Leiden, an Enttäuschungen, an die Gefahr des Mißlingens, an Schande obendrein, sieh, dann ist auch mir das Verlangen nicht fremd: »Ich möchte wohl von allem wegwollen!«

Und doch – ich fahre fort, aber mit Vorsicht und in der Hoffnung, daß es mir gelingen möchte, all diese Dinge zu bekämpfen, so daß ich einmal eine Antwort haben werde auf die Vorwürfe, die drohen, im Vertrauen, daß ich, trotz aller Dinge, die gegen mich scheinen, das Ziel, das ich begehre, erreichen werde und, so Gott will, Gnade finde in den Augen derer, die ich liebhabe, und in den Augen derer, die nach mir kommen werden. [120]

*

Böses ist in der Welt und in uns selbst, schreckliche Dinge, und man braucht nicht weit im Leben gekommen zu sein, um vieles zu scheuen und das Bedürfnis einer festen Hoffnung auf ein Leben nach diesem Leben zu empfinden...

Und doch hängen wir so an diesem alten Leben, weil der mutlosen Stimmung die Hoffnung gegenübersteht und unser Herz und unsere Seele sich freuen wie die Lerche, die das Singen am Morgen nicht lassen kann, obwohl sich unsere Seele schon manchmal in uns niederbeugt und sich ängstigt. Und die Erinnerung an alles, was wir liebgehabt haben, bleibt und kommt am Abend unseres Lebens zurück. Es ist nicht gestorben, sondern schläft, und sich davon einen Schatz zu sammeln ist gut. [121]

*

Sei nur eigenartig und sondere Dich ab, mache eine Trennung zwischen Gut und Böse! [122]

*

Ich habe... viel Arbeit gehabt mit einer Menge Kleinigkeiten – aber die gehören zur Pflicht; wenn man kein Gefühl für Pflicht hat, wie könnte man dann seine Gedanken auch nur einigermaßen beisammenhalten, durch das Gefühl der Pflicht werden die Dinge geheiligt und aneinandergekettet, und vieles Kleine macht ein Großes. [123]

*

Es ist wohl so, daß jeder Tag sein eigenes Übel hat, doch auch sein eigenes Gutes. Aber wie schrecklich muß das Leben sein – besonders später –, wenn das Böse eines Tages zunimmt, was die Dinge der Welt betrifft, wenn man nicht mehr gestützt und getröstet wird durch den Glauben. [124]

*

Ich sehe so deutlich Licht in der Ferne, und wenn das Licht ab und zu verschwindet, dann ist das meist meine eigene Schuld. [125]

*

Auch wenn mir meine eigene Arbeit nicht gelänge, so glaube ich, daß sie von einem anderen fortgesetzt würde. Man ist niemals allein im Glauben an wahre Dinge, und zum Teufel, ist das Wahre denn eine persönliche Angelegenheit?

Ich fühle mit aller Kraft, daß es in der Geschichte der Menschen genauso ist wie beim Korn. Wenn man nicht in die Erde gesät wird, um aufzublühen, was tut's, dann wird man eben gemahlen, um Brot zu werden!

Der Unterschied zwischen Glück und Unglück! Alle beide sind notwendig und nützlich, der Tod oder das Vergehen sind so relativ, und das gleiche gilt für das Leben. Selbst von einer Krankheit, die zerstört oder beunruhigt, wird dieser Glaube nicht erschüttert. [126]

*

Wer glaubt, hat keine Eile. [127]

*

Die Einfältigen wissen viel, was die Verständigen nicht wissen. [128]

*

Gefühl, selbst feines Gefühl für die Schönheiten in der Natur, ist nicht dasselbe wie ein gläubiges Gefühl, gleichwohl glaube ich, daß diese beiden miteinander in naher Verbindung stehen. [129]

*

Wenn man die Natur liebt, dann findet man es überall schön. [130]

*

Bewundere, soviel Du nur kannst, die meisten bewundern nicht genug. [131]

*

Ich werde gerade durch das Ringen stärker werden und durch Kritik und Unwillen und sogar durch Widerstand mehr lernen als durch Ruhe. [132]

*

Ich glaube immer mehr, daß die Menschen der wahre Boden für alles sind, obwohl das immer nur ein wehmütiges Gefühl bleibt, wenn man selber nicht im eigentlichen Leben drinsteckt und nur so aus der Ferne erkennt, daß es besser wäre, in Fleisch zu arbeiten als in Gips oder Farben, besser, Kinder zu zeugen, als Bilder zu malen oder Geschäfte zu machen. Aber man fühlt immerhin sein Leben, vor allem, wenn man daran denkt, daß man Freunde hat, die auch nicht mehr im eigentlichen Leben stehen. [133]

*

Nichts auf der Welt ist so interessant wie die Menschen, und man hat sie nie ausstudiert. [134]

*

Wenn man ein Land und seine Kultur verstehen will, ist es gut, andere Länder gesehen zu haben. [135]

*

Die Natur allein ist nicht die Heimat, vielmehr müssen Menschenherzen, die dasselbe suchen und fühlen, hinzukommen. Dann ist die Heimat erst vollständig, dann erst fühlt man sich zu Hause. [136]

*

Zwischen vier Wänden lernt man nur schwer etwas Gutes. [137]

*

Es ist manchmal gut, viel in die Welt zu gehen und mit den Menschen zu verkehren, und zeitweilig ist man wohl dazu verpflichtet und angehalten; am sichersten aber geht derjenige in der Welt und unter den Menschen umher, der lieber still allein an seiner Arbeit sein und nur sehr wenig Freunde haben möchte. [138]

*

Es läßt sich oft am intensivsten arbeiten, wenn man an einen alten Fleck zurückkehrt. [139]

*

Man muß, um eine Gegend kennenzulernen, mit den kleinen Leuten leben. [140]

*

Ich finde, daß einem in Augenblicken, wo einem an der Natur nichts mehr gelegen ist, immer noch sehr viel an den Menschen gelegen ist. – Heilen oder retten mag man vielleicht nicht können, aber man kann doch mitfühlen und teilnehmen. [141]

*

Je mehr ich darüber nachdenke, finde ich nichts so künstlerisch, als die Menschen zu lieben. [142]

*

»Sich auf den Tod vorzubereiten« ist eine christliche Idee. (Zu seinem Glück hat Christus selbst sie nicht geteilt. Es scheint mir, daß er die Menschen und die Dinge hier unten mehr liebte als die Einsicht, weshalb die Menschen in ihm auch nichts als einen Narren sahen.) Du siehst andererseits, daß dieses »sich auf den Tod vorbereiten« heißt, den Dingen einfach ihren Lauf zu lassen. Siehst Du aber nicht, daß völlige Hingabe, ein Leben nur für andere, auch ein Irrtum ist? Das führt geradezu in den Selbstmord, und man macht offensichtlich in diesem Fall seine Freunde zu Mördern. [143]

*

Meine Ansichten halte ich nicht für besser als die Ansichten anderer Leute, doch beginne ich zu glauben, daß es etwas gibt, dem gegenüber *alle* Ansichten, also auch die meinigen, zu nichts werden, nämlich gewisse Wahrheiten und Tatsachen, denen unsere Ansichten wenig oder nichts nehmen oder hinzufügen können; damit hoffe ich weder meine noch andere Auffassungen zu verwechseln ...

Ebensowenig wie die Windfahnen an der Richtung des Windes etwas ändern, können Ansichten etwas an gewissen feststehenden Wahrheiten ändern.

Die Wetterfahnen machen den Wind nicht östlich oder nördlich, ebensowenig braucht die Wahrheit Ansichten, welche auch immer, um wahr zu sein. [144]

*

Unser Leben ist eine entsetzliche Wirklichkeit, und wir selbst gehen ins Ungewisse; was ist, ist – und unsere Auffassung vom Wesen der Dinge, ob wir sie nun schwer oder weniger schwer nehmen, nimmt diesem Wesen weder etwas weg, noch fügt sie etwas hinzu. [145]

*

Das Glück begünstigt den Tapferen, sagt das Sprichwort, wogegen sich manches einwenden läßt, gleichwohl aber glaube ich letztendlich, daß es im Grunde doch stimmt, ebensosehr wie das Entgegengesetzte, daß nämlich auf moralischer Schwäche oder Mangel an Mut letzten Endes doch eine Art verhängnisvoller Verdammnis ruht.

Folglich habe ich mir vorgenommen, stets zu wagen,

lieber zuviel als zuwenig; stößt man sich dann den Kopf, weil es zuviel war, gut, dann stößt man sich eben. [146]

*

Gerade das Lernen durch die Arbeit bringt es notwendig mit sich, daß ich vorwärtskomme; jede Zeichnung, die man macht, jede Studie, die man malt, ist ein Schritt vorwärts. Dabei geht es allerdings wie auf einem Wanderweg – man sieht den Turm am Ende, aber da das Terrain hügelig ist, entdeckt man, wenn man schon dort zu sein glaubt, doch wieder ein Stück, das man zuerst nicht gesehen hat und das nun auch noch dazukommt. Trotzdem aber kommt man näher. [147]

*

Ich finde es so töricht, von Begabung und Nichtbegabung zu sprechen. – Sollte man keine Geduld haben, keine Geduld lernen von der Natur, keine Geduld lernen vom Sprießen des Korns, vom Wachsen der Dinge – sollte man sich selbst für ein so grenzenlos totes Ding halten, daß man glauben müßte, man werde nicht mehr wachsen? [148]

*

Wenn man wachsen will, dann muß man sich in die Erde senken. [149]

*

Wenn ich später einmal bessere Arbeit liefere, dann werde ich keineswegs anders arbeiten als jetzt, ich meine, es wird derselbe Apfel sein, nur reifer – ich werde nicht zurückstecken in dem, was ich von Anfang an gedacht habe. Und dies ist der Grund, weshalb ich sage: Wenn ich jetzt nichts tauge, dann tauge ich auch später nichts – aber wenn später, dann auch jetzt. Denn Korn ist Korn, auch wenn es im Anfang den Städtern wie Gras erscheint... Ob die Leute es gut oder nicht gut finden, was und wie ich es mache, ich für meine Person weiß jedenfalls keinen anderen Weg, als so lange mit der Natur zu ringen, bis sie mir ihr Geheimnis mitteilt. [150]

*

Ich finde, wenn man sich einmal bemüht hat, den Meistern mit Andacht nachzugehen, dann findet man sie alle in gewissen Momenten tief in der Wirklichkeit wieder. Ich meine – was man ihre *Schöpfungen* nennt, das wird man auch in der Wirklichkeit sehen, in dem Maße, als man die gleichen Augen, das gleiche Empfinden hat wie sie. Und dann glaube ich auch, wenn die Kritiker oder Kenner mit der Natur vertrauter wären, dann wäre ihr Urteil richtiger als jetzt, wo es Brauch ist, nur in Bildern zu leben und diese mitunter zu vergleichen, was natürlich, als die eine Seite der Sache, im Zusammenhang gut ist, doch einer soliden Basis entbehrt, wenn man die Natur vergißt und sie nicht gründlich kennt. [151]

*

Man muß die Natur viel und lange angeschaut haben, ehe man zu der Überzeugung kommt, daß das Ergreifendste, was die großen Meister gemalt haben, seinen Grund doch im Leben und in der Wirklichkeit selbst hat – eine Basis solider Poesie, die ewig als Tatsache besteht und sich finden läßt, wenn man nur tief genug gräbt und sucht. [152]

*

Ich habe meinerseits durchaus nicht die Absicht, weniger leidenschaftlich im Denken oder im Leben zu werden, als ich bin. Keineswegs.

Mag ich mir auch den Kopf anstoßen, mich selbst oft irren und manchmal unrecht haben – das hat alles seine Grenze –, im Grunde habe ich jedoch nicht unrecht.

Es sind weder die besten Bilder noch die besten Menschen, an denen keine Fehler sind. [153]

*

Jemand, der sagt: »Ach, es muß alles von Natur aus drinstecken«, der drückt sich bequem darum herum. Wenn das genug wäre! Es ist aber nicht genug, denn weiß man auch *instinktmäßig* noch soviel, so muß man sich gerade dann meiner Meinung nach doppelt und dreifach bemühen, um vom *Instinkt* zur *raison* zu gelangen. [154]

*

Schmiere nur mal etwas drauf, wenn Du eine weiße Leinwand Dich gewissermaßen blödsinnig anstarren siehst.

Du weißt nicht, wie lähmend das ist, das Angestarrtwerden von einer weißen Leinwand, die zum Maler sagt: *»Du kannst nichts.«* Die Leinwand hat ein idiotisches Starren und hypnotisiert manche Maler so, daß sie selbst idiotisch werden.

Viele Maler fürchten sich vor einer weißen Leinwand, aber die weiße Leinwand fürchtet sich auch vor dem wahren, leidenschaftlichen Maler, der wagt und der einmal die Hypnose dieses »Du kannst nichts« durchbrochen hat.

Das Leben an sich kehrt dem Menschen immer auch eine unendlich nichtssagende, entmutigende, hoffnungslos machende Seite zu, auf der nichts steht, ebensowenig wie auf einer weißen Malleinwand.

Aber wie nichtssagend und eitel, wie tot das Leben sich auch zeigen mag, der Mann mit Glauben und Energie, mit Wärme, der Mann, der etwas weiß, läßt sich dadurch nicht zum Narren halten. [155]

*

Das Nachdenken über die Geschichte zeigt uns einen unaufhaltsamen und verhältnismäßig recht schnellen Wechsel. Und ich meinerseits komme gerade dadurch zu dem Schluß, daß jeder Mensch ein, sei es auch nur kleines, Gewicht in die Waagschale legt und daß es nicht gleichgültig ist, wie man denkt und handelt. Der Kampf ist nur kurz, und es lohnt sich, aufrichtig zu sein. Wenn viele aufrichtig sind und wirklich wollen, was sie wollen, dann wird das ganze Zeitalter gut oder wenigstens energisch. [156]

*

Meine Absicht ist, mich *nicht* zu schonen und Schwierigkeiten oder Aufregungen durchaus nicht auszuweichen; denn es ist mir ziemlich gleichgültig, ob ich länger oder kürzer lebe...

Ich gehe vorwärts als ein *Unwissender,* der dieses eine weiß: *Innerhalb einiger Jahre muß ich eine bestimmte Arbeit vollbringen*; zu übereilen brauche ich mich nicht, denn darin liegt kein Heil, vielmehr muß ich einfach in aller Ruhe und Heiterkeit weiterarbeiten, so regelmäßig und konzentriert wie möglich, so kurz und bündig wie möglich...

Diese Arbeit also ist das Ziel – und wenn man sich auf diesen Gedanken konzentriert, dann vereinfacht sich alles Tun und Lassen in der Weise, daß es nun kein Chaos mehr ist, sondern alles, was man tut, ebendasselbe Streben darstellt. [157]

*

Man fühlt zuweilen, daß es ein gewisses Verhängnis gibt, welches das Gute verkehrt, das Verkehrte gut ausgehen läßt.

Ich glaube, man kann solche Gedanken als zum Teil durch Überanstrengung hervorgerufen betrachten und muß sich, wenn sie einem auch manchmal zu schaffen machen, deshalb nicht verpflichtet fühlen zu glauben, daß die Dinge in Wirklichkeit so schwarz aussehen, wie man sie gerade sieht; im Gegenteil ist es dann, weil man wahnsinnig werden könnte, wenn man darüber grübeln würde, vernünftig, sich körperlich zu kräftigen, und wenn das geschehen ist, muß man tüchtig die Hände rühren, und hilft auch das noch nicht, dann soll man *trotzdem diese beiden Mittel immer weiter anwenden* und es als etwas Verhängnisvolles betrachten, wenn die Melancholie andauert. Auf die Dauer wird man so an Geistesstärke gewinnen und sein Leben weiterführen. Es wird immer etwas Unergründliches bleiben, Sorgen und Melancholie werden bleiben. Aber dem ewig währenden Negativen steht als das Positive die Arbeit gegenüber, die man auf diese Weise doch zustande bringt ... Ein Gut und Böse an sich gibt es ebensowenig wie in der Natur ein Schwarz und Weiß. [158]

*

Ich hoffe, daß ich nicht schwach werde, was auch kommen möge, und ich hoffe weiter, daß mir ein gewisses Arbeitsfieber, ja eine Art Arbeitswut zur Not hindurchhelfen wird, wie ein Schiff von einer Welle über ein Riff oder eine Sandbank geschleudert werden kann, so daß es, statt unterzugehen, von dem Unwetter sogar noch profitiert. [159]

*

Es ist schon Mühe und Widerwärtigkeit mit der Arbeit verbunden, aber was bedeuten diese im Vergleich mit dem Elend, das sich einstellt, wenn man ein Leben ohne Tätigkeit führt. [160]

*

Im allgemeinen will man das Leben ja nicht einfach verwelken lassen, sondern versucht, es fruchtbar zu machen, und deshalb denkt man schon mal daran, daß man selbst eigentlich auch ein Leben hat, das sich gegenüber der Art, wie man damit umgeht, nicht gleichgültig verhalten kann. [161]

*

Wenn ich sehe, wie widerwillig und kalt die Menschen bleiben, fühle ich mich oft so elend, daß ich den Mut verliere. Aber schließlich erhole ich mich wieder und fange wieder an zu arbeiten und lache darüber, und weil ich in der Gegenwart arbeite und keinen Tag vorübergehen lasse, ohne zu arbeiten, glaube ich, daß ich mir allerdings Hoffnung auf die Zukunft machen darf; dies kommt mir zwar nicht jeden Augenblick zum Bewußtsein, denn wie gesagt: Ich habe nicht ein Gränchen Gehirn übrig, um über die Zukunft zu philosophieren, weder um mich zu entmutigen, noch um mich zu trösten: das Heute festzuhalten und es nicht vorübergehen zu lassen, ohne daß ich versuche, etwas daraus zu gewinnen, das ist es, was ich für meine Pflicht halte. [162]

*

Abgesehen von den vielen Geldsorgen, habe ich mit der Arbeit viel Glück; ich arbeite in letzter Zeit mit außerordentlich großem Vergnügen, mit dem bestimmten Gefühl, daß ich »auf einem Weg bin« ... Wenn man vorwärtsgeht, und zwar ohne sich um das Bestehende zu kümmern, wenn man aufrichtig und frei die Natur zu ergründen sucht und nicht von dem abgeht, was man im Auge hat, egal, was die Leute dazu sagen, dann fühlt man sich ruhig und entschlossen und sieht auf die Zukunft hin. [163]

*

Die Hoffnung auf bessere Zeiten soll sich nicht als ein Gefühl, sondern als ein Handeln in der Gegenwart zeigen. [164]

*

Gerade weil ich die Hoffnung auf bessere Zeiten in mir fühle, habe ich alle meine Kräfte eingesetzt – für die Arbeit »in der Gegenwart« –, ohne viel an die Zukunft zu denken, im Vertrauen darauf, daß jede Arbeit ihren Lohn finden muß. [165]

*

Wenn man nur mit offenen Augen durch das Leben geht, dann zeigt es sich einem so klar wie die Sonne, daß es gut ist, für etwas zu sorgen, was sonst verwelken und verdorren würde. [166]

*

Bin ich auch oft in Aufruhr, so ist in meinem Innern dennoch eine ruhige reine Harmonie und Musik. In den ärmsten Häuschen, in der schmierigsten Ecke sehe ich Bilder oder Zeichnungen, und wie mit unwiderstehlichem Andrang geht mein Geist in diese Richtung.

Auch alles andere läuft, je länger, desto mehr, darauf hinaus, und je mehr es darauf hinausläuft, desto schneller wird mein Blick beim Erfassen des Malerischen. Die Kunst verlangt hartnäckiges Arbeiten, ein Arbeiten trotz allem, und eine ununterbrochene Beobachtung.

Unter Hartnäckigkeit verstehe ich erstens eine andauernde Arbeit, dann aber auch das Nichtloslassen von seiner Auffassung, ungeachtet des Geredes von anderen. [167]

*

Das Arbeiten ist mir absolutes Bedürfnis, ich kann eigentlich nicht damit warten, ich habe an nichts anderem mehr Freude als an der Arbeit, d. h. die Freude an etwas anderem hört sofort auf, und ich werde melancholisch, wenn ich mit der Arbeit nicht weiterkann. Ich habe das Gefühl eines Webers, der sieht, daß seine Fäden sich verwirren und daß das Muster, das er auf dem Webstuhl hatte, zum Teufel geht und daß Denken und Anstrengung nun ohne Resultat bleiben. [168]

*

Es gibt wirklich viele Schwierigkeiten, und sie sind groß und nicht auf einmal zu überwinden. Der Fortschritt ist eine Art von Bergmannsarbeit, die nicht so schnell vorwärtsgeht, wie man es selbst wohl möchte und wie auch andere es erwarten, aber wenn man vor einer solchen Arbeit steht, dann ist das erste, was gefordert wird, Geduld und Treue. Eigentlich denke ich nicht viel über die Schwierigkeiten nach, gerade weil man, wenn man darüber grübelte, schwindlig oder irre werden würde.

Ein Weber, der eine große Zahl von Fäden leiten und zusammenweben muß, hat keine Zeit, über das Ineinandersitzen des Ganzen zu philosophieren, vielmehr geht er so sehr in seiner Arbeit auf, daß er nicht denkt, sondern tut, und daß er mehr *fühlt,* wie das alles in Ordnung kommen kann und muß, als daß er eine Erklärung darüber geben könnte. [169]

*

Selbst wenn wir keinen Tag bewußt daran denken – früher oder später finden wir unser Schicksal. [170]

*

Ich komme mir immer wie ein Wanderer vor, der ein Stück Weges zieht, zu irgendeiner Bestimmung ...

Um so besser für uns, wenn wir uns nicht der endlosen Möglichkeit des zukünftigen Lebens widersetzen. – Oft habe ich, wenn ich einen Toten ansah, so eine Wirkung gespürt, als ob ich ihn etwas hätte fragen müssen, und das ist für mich *ein* Beweis – nicht gerade der ernsteste – für ein Dasein jenseits des Grabes.

Auch ein Kind in der Wiege, wenn man es länger betrachtet, hat das Unendliche in den Augen. Vom großen Ganzen weiß ich nichts, aber gerade dieses Gefühl, *nichts zu wissen,* macht das wirkliche Leben, das wir jetzt leben, einer einfachen Trajektbahn vergleichbar. Man kommt rasch vorwärts, kann aber keinen Gegenstand genau erfassen, und vor allem sieht man die Lokomotive nicht. [171]

*

Meiner Ansicht nach bin ich oft *sehr reich,* nicht an Geld – sondern (obwohl auch dies nicht gerade alle Tage) reich deshalb, weil ich meine Arbeit gefunden, also etwas habe, wofür ich mit Leib und Seele lebe und was meinem Leben Begeisterung und Bedeutung gibt.

Meine Stimmung wechselt natürlich, trotzdem aber fühle ich eine gewisse Heiterkeit. Ich habe einen festen *Glauben* an die Kunst, ein festes *Vertrauen,* daß es eine mächtige Strömung ist, die den Menschen – er selbst muß natürlich auch daran mitarbeiten – in einen Hafen treibt, und ich halte es auf jeden Fall für ein so großes Glück, wenn ein Mensch seine Arbeit gefunden hat, daß ich mich selbst nicht zu den Unglücklichen rechne. Ich meine, auch wenn ich mich in verhältnismäßig großen Schwierigkeiten befinde und wenn es auch dunkle Tage in meinem Leben gibt – so möchte ich doch nicht, daß jemand mich zu den Unglücklichen rechnet; ich würde es nicht richtig finden. [172]

*

Augenblicke der Schwermut, der Verwirrung, der Seelenangst – meines Erachtens haben wir sie alle mehr oder weniger, sie sind die Bedingung eines jeden *seiner selbst bewußten* Menschenlebens. Manche haben, wie es scheint, kein Bewußtsein ihrer selbst. Aber die es haben, sind, obgleich zuweilen in Bedrängnis, *deshalb nicht* unglücklich, und es geschieht ihnen damit nichts Außergewöhnliches. Und zuweilen kommt Hilfe, zuweilen auch neue innere Energie und dann steht man wieder auf – bis man endlich eines schönen Tages vielleicht nicht wieder aufsteht – was soll's – aber darin liegt nichts Außergewöhnliches, und, wie gesagt, das menschliche Leben bringt das, so scheint mir, mit sich. [173]

*

Die Arbeit ist gerade dann, wenn man verlorene Illusionen hinter sich hat, ein Bedürfnis und eine von den wenigen Freuden, die geblieben sind, und dadurch entsteht eine große Ruhe und seelisches Gleichgewicht. [174]

*

Die Arbeit hat das Geheimnis, daß sie einem eine zweite Jugend geben kann. [175]

*

Die Jugend geht vorüber wie ein Rauch. Aber wenn sie in dem, was man macht, wieder erblüht und aufersteht, dann ist nichts verloren, und die Fähigkeit, kräftig zu arbeiten, ist eine zweite Jugend. [176]

*

Ich glaube, daß Krankheiten uns heilen können; z. B. wenn das Leiden in eine Krise übergeht, so ist das notwendig, um wieder in den normalen Zustand zurückzukehren. [177]

*

Das Kranksein heiligt das Gesundsein und lehrt, gesund zu sein. [178]

*

Die kleinen Nöte sollte man eigentlich wie einen tüchtigen Stoß Mistral auffassen, der einem wenig wohltut, aber gesund ist. [179]

*

Leiden, ohne sich zu beklagen, das ist die einzige Lektion, die man in diesem Leben lernen muß. [180]

*

Leiden zu lernen, ohne zu klagen, und den Schmerz mit Widerwillen hinnehmen: Das eben ist der Punkt, wo einem schwindlig werden kann.

Indessen mag es wohl sein, daß wir in einem anderen Leben die wahren Gründe der Schmerzen erkennen, die uns im Diesseits den Horizont manchmal so verdüstern, daß wir schon verzweifelt vor einem Weltuntergang zu stehen glauben. Wir wissen also sehr wenig von der wirklichen Bedeutung dieser Dinge, und wir tun besser daran, ein Weizenfeld anzuschauen, selbst wenn es nur ein gemaltes ist. [181]

*

In gewissem Sinn bin ich froh, daß ich das Malen nicht *gelernt* habe... Wie ich male, *weiß ich selbst nicht,* ich setze mich mit einem frischen Brett vor den Fleck hin, der mich packt – ich sehe nach dem, was ich vor Augen habe – und sage mir: Aus dem frischen Brett muß etwas werden – ich komme unzufrieden zurück – ich stelle es fort, und wenn ich mich etwas ausgeruht habe, sehe ich mit einer Art Angst danach – dann bleibe ich zwar noch unzufrieden, weil ich die herrliche Natur zu gut in der Erinnerung habe, als daß ich zufrieden sein könnte, aber ich sehe in meiner Arbeit doch einen Widerglanz von dem, was mich gepackt hatte, ich sehe, daß die Natur zu mir gesprochen, daß sie mir etwas erzählt hat, was ich in Schnellschrift aufgeschrieben habe. In meiner Schnellschrift mögen Worte sein, die nicht zu entziffern sind, Fehler oder Leeren, aber trotzdem liegt etwas von dem darin, was der Wald, der Strand oder die Figur mir sagten, und es ist keine zahme und konventionelle Sprache, die etwa aus einer angelernten Manier oder einem System heraus entstanden wäre und nicht aus der Natur selbst. [182]

*

Die Natur leistet dem Zeichner zu Anfang immer Widerstand, aber sobald er es wahrhaft ernst nimmt, läßt er sich durch diesen Widerstand nicht aus der Fassung bringen; im Gegenteil, es ist ein Anreiz mehr zu siegen, und im Grunde sind die Natur und der aufrichtige Künstler sich einig. Und die Natur ist sicherlich nicht »unberührbar«, doch muß man sie richtig anpacken, und zwar mit fester Hand. Und nachdem man einige Zeit mit der Natur so gerungen und gestritten hat, wird sie allmählich etwas nachgiebiger und gefügiger ...

Wenn man eine Kopfweide zeichnet, als wäre sie ein lebendiges Wesen, und das ist sie doch eigentlich, dann folgt die Umgebung irgendwie von selbst, wenn man nur all seine Aufmerksamkeit auf den bewußten Baum konzentriert und nicht ruht, bis man etwas vom Lebendigen hineingebracht hat. [183]

*

Ich will, daß die Schönheit nicht aus meinem Material, sondern aus mir kommt. [184]

*

Was ist Zeichnen? Wie kommt man ans Ziel? Es ist ein Sichdurcharbeiten durch eine unsichtbare eiserne Wand, die zwischen dem, was man *fühlt,* und dem, was man *kann*, zu stehen scheint. Wie muß man nun durch diese Wand hindurchzukommen versuchen – da ein Dagegenschlagen nichts hilft? Man muß, nach meiner Ansicht, diese Wand unterwühlen und durchfeilen, langsam und mit Geduld, und sieh, wie könnte man bei einer solchen Arbeit beständig bleiben, ohne sich davon abbringen oder ablenken zu lassen, wenn man nicht darüber nachdächte und sein Leben nach Prinzipien regelte. Und wie mit dem Künstlerischen, so ist es auch mit anderen Dingen. Das Große ist nicht etwas Zufälliges, sondern muß auch wirklich *gewollt* sein. Was im Menschen das Ursprünglichere ist – ob die Taten zu den Prinzipien oder die Prinzipien zu den Taten führen sollen, das erscheint mir genauso unbestimmbar und ebensowenig der Mühe wert, bestimmt zu werden, wie die Frage, was zuerst war, das Huhn oder das Ei. Aber ich halte es für etwas Positives und sehr Wichtiges, daß man bestrebt ist, seine Denk- und Willenskraft zu entwickeln. [185]

*

Ich fürchte, daß ich um so mehr Schwierigkeiten und Widerstand begegnen werde, je besser ich zeichne; weil ich nämlich durch verschiedene Eigentümlichkeiten, die ich nicht ändern kann, viel zu leiden habe. Erstens durch mein Auftreten und meine Art zu sprechen und mich zu kleiden, und dann weil ich auch später, wenn ich mehr verdiene, mich stets in einem anderen Kreis bewegen und bleiben werde als die meisten Maler, da die Auffassung, die ich von den Dingen habe, die Gegenstände, welche ich darstellen will, dies unerbittlich fordern. [186]

*

Als Künstler ist man lieber im schmierigsten Viertel, vorausgesetzt, daß es dort etwas zu zeichnen gibt, als in einer Teegesellschaft mit hübschen Damen – es sei denn, daß man Damen zeichnet, denn dann ist eine Teegesellschaft sogar für einen Künstler unterhaltsam. [187]

*

Für mein Fach ist es besser, daß ich so bin, wie ich bin, als daß ich mich aufschraube zu Formen, die nicht zu mir passen würden. [188]

*

Eigentlich habe ich gar keine Zeit zum Bedauern. Das Zeichnen wird mir je länger, je mehr zur Leidenschaft, und das ist gerade so eine Leidenschaft wie die eines Seemannes für die See. [189]

*

Was man aus sich selbst lernt, lernt man nicht so schnell, aber es prägt sich tiefer ein. [190]

*

Es ist mit dem Zeichnen ähnlich wie mit dem Schreiben. Wenn man als Kind schreiben lernt, hat man das Gefühl, es sei unmöglich, je dahinterzukommen, und es erscheint einem wie ein Wunder, wenn man die Lehrer so schnell schreiben sieht. Das bedeutet aber nicht, daß man nicht doch dahinterkommt, und ich glaube wirklich, daß man so auch zeichnen lernen muß, bis es schließlich ebenso leicht geht, wie wenn man etwas aufschreibt, und daß man die Proportionen so im Kopf haben und sehen lernen muß, daß man alles, was man sieht, in größerem oder kleinerem Maßstab, ganz wie man es will, wiedergeben kann. [191]

*

Wenn Du Gelegenheit hast, jemanden malen oder zeichnen zu sehen, dann achte darauf; denn ich glaube, daß mancher Kunsthändler anders über viele Bilder etc. denken würde, wenn er besser wüßte, wie sie gemacht werden. Es stimmt zwar, daß man es auch einigermaßen instinktiv begreifen kann, doch das weiß ich sicher, daß ich mir über mancherlei Dinge eine größere Klarheit erst dadurch erworben habe, daß ich andere arbeiten sah und es dann selbst versuchte. [192]

*

Der Kunsthandel bringt gewisse Vorurteile mit sich – bestimmte Ansichten, wie etwa, daß das Malen eine Begabung sei. Nun ja, es ist wohl eine Begabung, aber nicht in der Weise, wie man es darstellt – man muß nämlich seine Hände ausstrecken und fest zugreifen, und dieses Zugreifen ist etwas Schwieriges, man darf nicht warten, bis sich die Dinge von selbst offenbaren ... Übung macht den Meister. Maler wird man durch das Malen. Will man Maler werden, hat man Lust dazu – dann kann man es, aber dieses Können geht zusammen mit Mühsal, Sorgen, Enttäuschungen, mit Zeiten voller Melancholie und Ohnmacht und ähnlichem mehr – so denke ich darüber. [193]

*

Ich war stets der Ansicht, daß ein Künstler, der den Menschen sein Werk zeigt, das Recht hat, den Seelenstreit seines eigenen Lebens – der in unmittelbarem und verhängnisvollem Zusammenhang mit den eigenartigen Schwierigkeiten steht, welche das Schaffen eines Kunstwerkes mit sich bringt – für sich zu behalten, es sei denn, daß er sich darüber vor einem sehr intimen Freund ausschüttet ... Es ist mit dem Werk eines Künstlers und seinem Privatleben wie mit einer Wöchnerin und ihrem Kind. Ihr dürft ihr Kind wohl ansehen, aber Ihr dürft nicht ihr Hemd hochheben, um nachzusehen, ob etwa auch Blutflecken darin sind. Das wäre unzart gegenüber der Wöchnerin. [194]

*

Durch hartnäckige Arbeit wird die Hand dem Gefühl allmählich gehorsam. [195]

*

Oft bekommt man mehr Blick für die Dinge, wenn man eine Zeitlang nicht weiterarbeiten kann und später alles sozusagen neu und frisch wiederfindet. [196]

*

An sich selbst zu zweifeln, daran, ob man Künstler ist oder nicht – diese ganze Frage ist etwas viel zu Abstraktes.

Dessenungeachtet habe ich nichts dagegen, trotzdem darüber nachzudenken, vorausgesetzt, daß ich gleichzeitig zeichnen und malen darf. Und – was *mein* Leben angeht, da habe ich mir vorgenommen, so viele und so gute Bilder und Zeichnungen zu machen, wie ich nur kann; dann, wenn mein Leben einmal vorbei ist, hoffe ich nicht anders wegzugehen, als in Wehmut und Liebe zurückzuschauen und zu denken: »Oh, ihr Bilder, die ich noch gemacht hätte!« [197]

*

Alle meine Arbeiten nach der *Natur* sind »Kastanien«, die ich aus dem Feuer geholt habe. [198]

*

Lieber ein Bild weniger malen als eins weniger gut malen. [199]

*

Es ist vielleicht besser, den Dingen mit Einfachheit zu Leibe zu rücken, als Abstraktionen aufzusuchen. [200]

*

Ich bin sehr, sehr unzufrieden mit meiner Arbeit, und das einzige, was mich tröstet, ist, daß erfahrene Leute sagen, man muß erst mal zehn Jahre lang für nichts malen. [201]

*

Statt das, was ich vor mir habe, genau wiederzugeben, bediene ich mich eigensinniger der Farbe, um mich ganz intensiv auszudrücken.

Nun, lassen wir alle Theorien beiseite. Ich will Dir ein Beispiel geben von dem, was ich meine.

Ich will das Bild eines Freundes, eines Künstlers, machen, der große Träume träumt, der arbeitet, wie die Nachtigall singt, weil das eben seine Natur ist. Dieser Mann wird blond sein. Ich möchte in das Bild meine ganze Bewunderung malen, alle Liebe, die ich für ihn empfinde.

Ich werde ihn also malen, wie er ist, so getreu ich nur kann. Aber damit ist das Gemälde nicht fertig. Um es zu vollenden, werde ich jetzt eigenmächtiger Kolorist:

Ich übertreibe das Blond der Haare. Ich komme zu Orangetönen, zum Chrom, zur hellen Zitronenfarbe.

Hinter dem Kopf male ich anstelle der gewöhnlichen Wand eines gemeinen Zimmers das Unendliche. Ich mache einen Grund von reichstem Blau, das kräftigste, das ich herausbringen kann. Und so bekommt der blonde, leuchtende Kopf auf dem Hintergrund von reichem Blau eine mystische Wirkung wie der Stern im tiefen Azur. [202]

*

Ich kann im Leben und in der Malerei recht gut ohne den lieben Gott auskommen, aber ich kann, ein leidender Mensch, etwas nicht entbehren, das stärker ist als ich und mein wirkliches Leben ausmacht: die Kraft zum Schaffen.

Da man *körperlich* um das Schaffen betrogen ist, sucht man eben Gedanken anstatt Kinder zu zeugen und steht dadurch auch mitten im Menschlichen. Mit einem Gemälde möchte ich etwas Tröstliches sagen, wie Musik. [203]

*

Ich schwanke fortwährend zwischen zwei Gedanken. Der erste: diese materiellen Schwierigkeiten, dieses Sichwinden, nur um zu existieren. Der zweite: das Studium der Farbe. Ich hoffe immer, darin irgend etwas zu finden. Man muß die Liebe zweier Liebender durch die Verbindung zweier Komplementärfarben ausdrücken, durch ihre Mischung und Ergänzung und die geheimnisvolle Vibration der verwandten Töne. Man muß den Gedanken hinter einer Stirn ausdrücken, die Hoffnung durch irgendeinen Stern, die lebendige Leidenschaft durch die Strahlen der untergehenden Sonne. Das ist sicher keine realistische Augentäuscherei, aber ist es nicht das Wesentlichere? [204]

*

Das Porträt mit den Gedanken und mit der Seele des Modells – das muß noch kommen! [205]

*

Wenn man ein strengeres Talent hat, darf man nicht auf die Frucht seiner Arbeit rechnen. Der größte Teil der Leute, die genug Intelligenz besitzen, um die Impressionistenbilder zu begreifen und zu lieben, wird zu arm sein, um sie zu kaufen. Sollten wir aber deswegen weniger arbeiten? Nein, doch müssen wir ganz bewußt Armut und gesellschaftliche Isolierung auf uns nehmen ... Um so besser, wenn dann eines Tages der Erfolg kommt. –

Ich meine also, man sollte leben wie ein Mönch oder Einsiedler, mit der Arbeit als einziger Leidenschaft und im Verzicht auf Wohlbefinden. [206]

*

Wir wollen uns die Gleichgültigkeit gegenüber Erfolg oder Mißerfolg in jedem Fall bewahren.

Ich bestehe weder auf meinem Erfolg noch auf Glück. Ich bestehe auf der kraftvollen Anstrengung der Impressionisten. [207]

*

Ich glaube, daß uns die Tage, die uns heute schwer sind, später als »gute alte Zeit« vorkommen. [208]

*

Wir spüren, daß die Kunst, in der wir arbeiten, eine lange Zukunft haben wird, und man muß sich darauf einrichten und in voller Ruhe leben und nicht wie die Dekadenten ... Ich werde immer mehr wie ein japanischer Maler leben, ganz in der Natur, und ein kleiner Bürger bleiben. Du merkst also wohl, daß dies etwas anderes ist als das Leben der Dekadenten ... Freilich von unserer persönlichen Zukunft wissen wir nichts. Wir wissen nur, daß der Impressionismus von Dauer sein wird. [209]

*

Was mich stützt bei der Arbeit, ist das Gefühl, daß es noch andere gibt, die dasselbe machen wie ich. [210]

*

Die Männer des Tages sind Eintagsmänner, doch wer so viel Glauben und Liebe hat, daß ihm gerade das Freude macht, was andere langweilig finden, nämlich das Studium von Anatomie, Perspektive und Proportion, der bleibt fest und reift langsam, aber sicher... Und wie ist es mit denen, die von Grund auf ernsthaft sind, auch wenn sie manchmal etwas Unangenehmes an sich haben? Man gewinnt sie lieb und wird mit ihnen vertraut; diejenigen, die nicht ernsthaft genug sind, beginnen einen zu langweilen. [211]

*

Ich glaube, daß ein Maler ein glückliches Wesen ist, weil er, sobald er einigermaßen wiedergeben kann, was er sieht, in Harmonie mit der Natur ist.

Und das ist viel – man weiß, was man zu tun hat, Stoff gibt es im Überfluß. [212]

*

Wer zeichnet, darf nicht damit rechnen, daß er seine Zeichnungen verkaufen wird, aber trotzdem ist es seine Pflicht, sie so zu machen, daß sie Wert haben und ernsthaft sind – man darf nämlich nicht nonchalant oder gleichgültig werden, und zwar auch dann nicht, wenn einen die Verhältnisse enttäuschen. [213]

*

Die Zeichnung ist das Rückgrat des Malens, das Knochengerüst, welches den ganzen Rest stützt. [214]

*

Man muß nur begreifen, daß ein Maler genauso arbeiten muß wie z. B. ein Schuster. [215]

*

Die Wahrheit und das Suchen nach dem wahren Tun ist mir so teuer, daß ich glaube, ich ziehe es doch vor, Schuster zu sein anstatt ein Musikant der Farbe. [216]

*

In manchen Augenblicken überkommt mich eine schreckliche Hellsichtigkeit. Wenn die Natur so schön ist wie in diesen Tagen, dann fühle ich mich selber gar nicht mehr, und das Gemälde kommt mir wie im Traum. [217]

*

Wenn ich nicht so etwas wie eine Doppelnatur besäße, halb Mönch, halb Maler, so wäre ich schon seit langer Zeit völlig und in jeder Hinsicht auf den Hund gekommen. Allerdings glaube ich nicht, daß mein Irrsinn ein Verfolgungswahn wäre, denn meine Empfindungen im Zustand der Erregung sind immer auf eine Beschäftigung mit der Ewigkeit und dem ewigen Leben gerichtet. [218]

*

Ich glaube an meine Malerei.

Wenn wir uns gut halten, muß dabei etwas zustande kommen, was länger lebt als wir selbst. [219]

*

Ich bin überzeugt, daß es *nicht leichter* ist, ein gutes Bild zu machen, als einen Diamanten oder eine gute Perle zu finden, beides erfordert Mühe, und man riskiert dabei... sein Leben. Hat man aber einmal gute Steine, dann darf man nicht mehr an sich zweifeln und muß an einem gewissen Preis festhalten... Der Gedanke gibt mir Mut zur Arbeit. Natürlich leide ich darunter, daß ich soviel Geld ausgebe, doch mitten in diesem Leiden ist mir der Gedanke an die Perle gekommen. [220]

*

Es gibt nicht mehr gute Gemälde als Diamanten. [221]

*

Ach, wenn nur alle Künstler genügend Geld zum Leben und zum Arbeiten hätten! Aber da das nicht der Fall ist, will ich schaffen und abermals schaffen, viel und mit Anstrengung – vielleicht kommt dann einmal der Tag, an dem wir unsere Pläne erweitern können...

Wenn man in Kriegszeiten lebte, müßte man wahrscheinlich kämpfen. Man würde das bedauern und darüber klagen, daß man nicht in einer friedlichen Zeit lebt, aber letztendlich müßte man halt doch kämpfen. Gewiß, man ist berechtigt, einen Zustand herbeizuwünschen, wo das Geld zum Leben nicht mehr nötig wäre; aber da heute nun mal alles durch das Geld geschieht, muß man daran denken, sich welches zu verschaffen, zumal man ja auch welches ausgibt. [222]

*

Ich sage mir immer: Geld ist Geld, aber Malerei ist auch Geld. [223]

*

Wie schade, daß die Malerei soviel Geld kostet!

Aber sieh, wir müssen nun mal leben, und unsere Arbeiten stehen nicht hoch im Kurs. Man kann nicht nur nichts verkaufen, sondern man kann auch auf die Arbeiten kein Geld aufnehmen, selbst wenn die Beträge ganz geringfügig sind und die Arbeiten wichtig; daran zeigt sich, daß wir alle dem Zufall preisgegeben sind, und ich glaube, das wird sich nie ändern. Schön wäre es, wenn einmal Maler kämen, die uns folgten und denen wir ein besseres Leben vorbereitet hätten... Doch muß man fürchten, daß die Maler verweichlichen, wenn die neue Malerei geschätzt wird. In jedem Fall steht fest, *wir sind nicht* die Dekadenten. ... Woher kommt es nur, daß die Leute auch im Impressionismus eine Dekadenz sehen? Es ist doch gerade das Gegenteil! [224]

*

Es plagt mich oft, daß die Malerei wie eine schlechte Geliebte ist, die immer ausgibt und ausgibt, und nie ist es genug. [225]

*

Was den Verkaufswert meiner Arbeiten betrifft, so habe ich da keine anderen Prätentionen, als daß es mich sehr wundern würde, wenn meine Arbeiten mit der Zeit nicht geradesogut verkauft werden sollten wie die von anderen; ob das *jetzt* geschehen wird oder *später,* nun ja, das lasse ich dahingestellt; allein, getreu nach der Natur zu arbeiten, und zwar mit Hartnäckigkeit, das ist, scheint mir, ein sicherer Weg, der nicht ins Wasser führen kann.

Das Gefühl und die Liebe zur Natur finden früher oder später bei Menschen, die sich für Kunst interessieren, immer Anklang. Es ist die Pflicht des Malers, sich ganz in die Natur zu vertiefen und seine ganze Intelligenz zu gebrauchen, um sein Gefühl in seine Arbeit hineinzulegen, so daß sie für andere verständlich wird. Aber auf Verkäuflichkeit hinarbeiten ist durchaus nicht der richtige Weg, sondern, meiner Meinung nach, vielmehr ein Täuschen der Liebhaber. Das haben die echten Künstler nie getan, vielmehr gewannen sie die Sympathie, die sie früher oder später fanden, durch ihre Aufrichtigkeit. Mehr weiß ich nicht darüber, und ich glaube auch nicht, daß ich es nötig habe, mehr darüber zu wissen. Sich zu bemühen, Liebhaber zu finden und Liebe bei ihnen zu erwecken, ist etwas anderes und natürlich erlaubt.

Aber es darf nicht zur Spekulation werden, die leicht verkehrt ausgehen könnte und durch die man ganz sicherlich Zeit verlieren würde, die man auf die Arbeit verwenden müßte. [226]

*

Wir müssen erreichen, daß meine Bilder so viel wert sind, wie ich für sie ausgebe, sogar noch etwas mehr, da wir ja schon soviel Kosten hatten. Und das werden wir auch erreichen. [227]

*

Bisher habe ich mehr für Farben und Leinwand ausgegeben als für mich selbst. [228]

*

Ich weiß zur Genüge, daß die Zukunft für mich so oder so immer sehr mühsam bleibt, und ich weiß so gut wie sicher, daß es mir in Zukunft niemals *gut*gehen wird, wie das die Leute nennen... Ich wünschte nur, niemanden verletzen zu müssen...

Doch dann denke ich auch wieder, daß die Malerei über viel Verhängnisvolles hinweghelfen kann und daß es ohne sie noch schlimmer wäre. [229]

*

Wenn ich einen schönen Rock anhabe, dann sind die Arbeiter, die ich als Modell brauche, so scheu und mißtrauisch mir gegenüber wie gegen den Deubel, oder aber sie wollen viel Geld von mir haben...

Wenn also Bemerkungen gemacht werden über meine Formen in bezug auf Kleidung, Gesicht, Sprechweise, was soll ich dazu sagen – nun, daß solche Schwätzereien mich ärgern.

Bin ich denn in einem anderen Sinn jemand ohne Formen, nämlich flegelhaft oder ohne Feingefühl?

Siehst Du, meiner Ansicht nach ist die ganze Höflichkeit auf Wohlwollen gegen jedermann begründet, auf das Bedürfnis, das ein Mensch mit einem Herz im Leibe fühlt, also sich einem anderen hilfreich zu erweisen, und endlich darauf, daß man das Bedürfnis hat, zusammen und nicht alleine zu leben. Hierin tue ich mein Bestes, ich zeichne nicht, um die Leute zu langweilen, sondern um sie zu erfreuen oder um sie auf Dinge aufmerksam zu machen, die des Ansehens wert sind, die aber nicht jeder kennt. Es will mir nicht in den Kopf, daß ich ein solches Monstrum von Grobheit und Unhöflichkeit sein soll, daß ich verdiente, aus der menschlichen Gesellschaft ausgeschlossen zu werden...

Erniedrige ich mich denn dadurch, daß ich mit den Menschen, die ich zeichne, zusammenlebe, erniedrige ich mich, wenn ich in die Häuser von Arbeitern und armen Menschen gehe und sie im Atelier empfange?

[230]

*

Es ist scheinbar nichts leichter, als Bauern und Lumpensammler und andere Arbeiter zu malen – aber es gibt kein Motiv in der Malerei, das so schwierig wäre wie die alltäglichen Figuren!

Soviel ich weiß, gibt es keine einzige Akademie, in der man einen Grabenden, einen Sämann, eine Frau, die einen Topf über das Feuer hängt, oder eine Näherin malen oder zeichnen läßt, aber in jeder Stadt von nur etwas Bedeutung ist eine Akademie mit einer Auswahl von Modellen für historische, arabische, Louis XV, mit einem Wort für alle, nur nicht für in Wirklichkeit existierende Figuren. [231]

*

Mein Fehler und der eigentliche Grund, warum ich abgelehnt werde, liegt, glaube ich, in folgendem: Wenn man kein Geld hat, dann ist man von vornherein schon verurteilt...

Das Geld ist heute, was früher das Recht des Stärkeren war. [232]

*

Ich würde mich sehr glücklich schätzen, wenn es mir gelänge, etwas zu arbeiten, womit ich Geld verdienen könnte. Denn es macht mir große Sorge, mir sagen zu müssen: Ich habe so viele Bilder und Zeichnungen gemacht, ohne jemals etwas zu verkaufen... [233]

*

Man kann in der Kunst nicht zuviel Geduld haben. [234]

*

Glaub mir, auch in der Kunst gilt das Wort: »Ehrlich währt am längsten.« Besser etwas mehr Mühe auf ernsthaftes Studium verwandt als Chic, um dem Publikum zu schmeicheln. Manchmal habe ich in Augenblicken der Sorge zwar den Wunsch, etwas mehr Chic zu haben, aber beim Nachdenken sage ich mir doch: Nein, laß mich nur lieber ich selbst sein und, in einer rauhen Manier, strenge, rauhe, aber wahre Dinge sagen. Ich werde den Liebhabern oder Händlern nicht nachlaufen, wer Lust hat, soll zu mir kommen. [235]

*

Der geringe Preis ist für manchen Maler etwas Unerträgliches, oder zum mindesten fast Unerträgliches – man will ehrlich sein, man ist es – man arbeitet genauso schwer wie ein Lastträger – trotzdem kommt man zu kurz – man muß die Arbeit aufgeben – man sieht keine Möglichkeit, sie auszuführen, wenn man nicht mehr dafür hingibt, als man zurückerhalten wird, es stellt sich ein Gefühl von Schuld, von Pflichtverletzung ein, wie wenn man ein Versprechen nicht gehalten hätte, denn man ist nicht so ehrlich, wie man wäre, wenn die Arbeit mit dem angemessenen und vernünftigen Preis bezahlt würde. Man scheut sich, Freundschaften zu schließen, man hat Furcht davor, sich zu bewegen, man möchte, gerade wie früher die Aussätzigen, den Menschen schon von weitem zurufen: Kommt mir nicht zu nahe, denn der Umgang mit mir bringt euch Kummer und Schaden – und mit dieser Lawine von Sorgen auf dem Herzen muß man nun an die Arbeit, muß mit ruhiger Alltagsmiene, ohne mit der Wimper zu zucken, im täglichen Leben seinen Gang gehen, sich mit den Modellen herumschlagen, mit dem Mann, der die Hausmiete abholt, nun, eben mit Hinz und Kunz. Man muß kaltblütig die eine Hand am Ruder halten, um die Arbeit fortzusetzen, und muß mit der anderen Hand dafür sorgen, daß man anderen keinen Schaden zufügt.

Und dann kommen Stürme, Dinge, die man nicht voraussehen kann, man weiß nicht mehr, was tun, und man hat das Gefühl, daß man jeden Augenblick auf eine Klippe stoßen kann.

Man kann sich nicht präsentieren als jemand, der anderen von Nutzen sein kann oder der eine Sache im Kopf hat, die für sich spricht, nein, es ist im Gegenteil vorauszusehen, daß alles auf ein Defizit hinausläuft, und dennoch, dennoch – man fühlt eine Kraft in sich brausen, man hat ein Werk zu vollbringen, und es muß vollbracht werden. [236]

*

Du mußt mir meinen Pessimismus dem heutigen Kunsthandel gegenüber schon lassen, denn er beruht *durchaus nicht* auf Mutlosigkeit. Ich räsoniere folgendermaßen: Angenommen, ich habe recht, ihn mehr und mehr als Tulpenhandel zu betrachten, insbesondere das Schachern mit den Preisen der Bilder; gesetzt, sage ich, der Kunsthandel nebst anderen Zweigen der Spekulation würde – wie der Tulpenhandel zu Ende des vorigen Jahrhunderts verschwand – mit dem Ende dieses Jahrhunderts verschwinden, und zwar ziemlich schnell, so wie er gekommen ist – so bleibt doch, wenn der Tulpenhandel dann einginge, die *Blumenzucht.* Und ich für mein Teil bin gern damit zufrieden, ein kleiner Gärtner zu sein, der ein Herz für seine Pflanzung hat. [237]

*

Es kommt mir vor, als wäre der ganze Kunsthandel krank, und, um ganz offen zu sein, ich bezweifle, daß die ungeheuerlichen Preise, selbst für die Meisterwerke, bleiben werden...

Hat das großen Einfluß auf die Künstler? O nein; denn noch die größten haben von diesen enormen Preisen nur in der letzten Zeit persönlich profitiert, als sie schon obenauf waren, und sie würden nicht weniger schön gemalt haben, wenn diese enorme Hausse nicht eingesetzt hätte. Wer etwas kann, was der Mühe wert ist, gesehen zu werden, der wird sicherlich immer Liebhaber finden, die ihn so viel werden verdienen lassen, daß er davon leben kann. Ich möchte lieber Maler sein mit 150 Francs im Monat als 1500 Francs mit etwas anderem verdienen, nicht mal im Kunsthandel.

Als Maler, finde ich, fühlt man sich als Mensch unter anderen Menschen, und zwar in höherem Maße, als wenn man ein Leben führt, das auf Spekulation gegründet ist und in dem man auf Konventionen achten muß. [238]

*

Man muß, gerade wenn die Leute zufrieden sind, lieber seinen Preis heruntersetzen als erhöhen... Wenn ich durchkomme, dann werde ich gerade dadurch durchkommen, daß ich billiger arbeite als andere und daß ich es dem Liebhaber leichtmache. [239]

*

Die Geldfrage jedoch, was man auch tun mag, bleibt immer wie ein Feind vor einem stehen, und sie zu leugnen oder sie zu vergessen ist unmöglich. Ich schaue ihr jedenfalls ins Gesicht und tue dabei meine Pflicht, und vielleicht kann ich die Ausgaben einmal ersetzen... Hätte ich ein eigenes Einkommen, wäre mein Kopf vielleicht eher dazu aufgelegt, l'art pour l'art zu machen; so begnüge ich mich damit, einfach unablässig zu arbeiten. [240]

*

Ich habe immer ungeheure Gewissensbisse, wenn ich daran denke, daß meine Arbeit so wenig mit dem übereinstimmt, was ich gerne tun würde. Ich hoffe deshalb, daß ich einmal bessere Sachen machen werde, aber soweit sind wir noch nicht. [241]

*

Wenn meine Arbeit gut ist, verlieren wir nichts; wie der Wein im Keller wird sie in der Kute gut bleiben. [242]

*

Damit etwas Kunst wird, ist es schon wichtig, daß die dargestellte Sache vollkommen im Stil aufgegangen ist und eins wird mit der Darstellung. [243]

*

Z. B. die ägyptische Kunst: das Außerordentliche daran ist doch, daß diese heiteren, ruhigen Könige so weise, mild, gütig und gut sind, weil sie auch nur das sein können, was sie sind, ewig Ackerbauer und Anbeter der Sonne... Die ägyptischen Künstler haben mit Gefühl und Instinkt gearbeitet und alle diese ungreifbaren Dinge einmal ausgedrückt: die Güte, die unendliche Geduld, die Weisheit, die Heiterkeit – mit irgendwelchen weißen Kurven und wundervollen Proportionen. Da ist es einmal verwirklicht, daß die dargestellte Sache und die Art, sie darzustellen, in Übereinstimmung gebracht wird. Das hat Stil und Haltung. [244]

*

Wenn man die japanische Kunst betrachtet, sieht man, wie ein unbestreitbar weiser, philosophischer und kluger Mensch die Zeit womit verbringt? Den Abstand der Erde vom Mond zu messen? Nein! Wozu auch? Oder die Politik Bismarcks zu studieren? Nein! Er studiert einen einzigen Grashalm, aber dieser einzige Grashalm bringt ihn dazu, später alle Pflanzen zu zeichnen, dann die Bäume, die Landschaft, endlich die Tiere und schließlich die menschliche Gestalt. Damit verbringt er sein Leben, und das Leben ist sogar zu kurz, um all dies zu machen. [245]

*

Ich beneide die Japaner um die außerordentliche Reinheit, die alle ihre Arbeiten besitzen. Niemals langweilt man sich dabei, und nichts ist eilig gemacht. Die Arbeit ist ihnen so selbstverständlich wie das Atmen. Sie machen eine Figur mit ein paar sicheren Strichen, mit derselben Sicherheit, mit der man seine Weste zuknöpft. [246]

*

Wir werden uns vielleicht nicht durchsetzen oder siegen, aber ebensowenig werden wir besiegt; wir passen vielleicht nicht in die eine oder andere Vorstellung, aber sicher sind wir da, um zu trösten oder eine tröstlichere Malerei vorzubereiten. [247]

*

Wir machen eine tröstlichere Malerei. Wie oft habe ich aber gesagt, wir dürfen nicht vergessen, daß andere das schon vor uns gemacht haben. [248]

*

Du kannst die Zeit, in der wir leben, als eine wahre und große Wiedergeburt der Kunst ansehen. Die faule und offizielle Tradition ist zwar noch obenauf, im Grunde aber ist sie ohnmächtig und nichtig. Die neuen Maler, einsam und arm, behandelt man wie Irre, und zum Schluß werden sie es auch noch wirklich durch eben diese Behandlung, wenigstens was ihr soziales Leben betrifft. [249]

*

Man malt nicht allein mit der Farbe, sondern auch mit dem Verzicht und der Selbstverleugnung und mit gebrochenem Herzen. [250]

*

Es tut mir gut, schwer zu arbeiten. Aber es hemmt nicht mein furchtbares Bedürfnis nach, darf ich das Wort aussprechen, ja, nach Religion. Dann gehe ich nachts hinaus, um die Sterne zu malen, und immer träume ich von einem Gemälde mit einer Gruppe lebendiger Gestalten, die meine Freunde sind. [251]

*

Die Malerei ist eine Heimat. [252]

*

Es hat schon etwas, im Winter richtig im Schnee, im Herbst tüchtig in den gelben Blättern, im Sommer im reifen Korn und im Lenz im Gras zu sein, es hat etwas, immer mit den Schnittern und Bauernmägden zusammenzusein, im Sommer mit dem weiten Himmel darüber und im Winter unter dem schwarzen Rauchfang – und dabei das Gefühl: Das ist immer gewesen und wird immer bleiben. [253]

*

Das Neue altert so schnell. [254]

*

Ein naives Bild... sieht man, wenn man sich lange neuere Sachen angeschaut hat, mit lebhaftem Vergnügen wieder.

Das Neue, obwohl es einen fesselt, macht nicht immer auf die Dauer diesen starken ergreifenden Eindruck. [255]

*

Ich habe es wahrhaftig nicht geflissentlich darauf angelegt, über den Fortschritt irgendwie enttäuscht zu sein, diese Empfindung hat sich im Gegenteil durchaus gegen meine Neigung unwillkürlich in mir entwickelt dadurch, daß ich, je länger, desto mehr, eine Art Leere fühlte, die ich mit den heutigen Dingen nicht ausfüllen kann...

Sollte das nicht auch im Leben und in der Persönlichkeit der Künstler seine Ursache haben? Ich weiß nicht, wie Deine Erfahrungen sind, aber findest Du gegenwärtig denn viele Leute, die Lust haben, einmal einen weiten Spaziergang bei grauem Wetter zu machen? Du selbst würdest das mit Vergnügen tun und würdest es genießen, ebenso wie ich, aber für viele ist es eine Zumutung. Ebenso fiel mir auf, daß die Unterhaltung, wenn man mit Malern spricht, in den weitaus meisten Fällen *nicht* interessant ist... Es ist augenblicklich etwas Gehetztes und Gejagtes in allem, was mir nicht gefällt, und es ist gerade so, als ob der Tod darüber hingegangen wäre. [256]

*

Wenn ich ein Bild sehe, das mich bewegt, frage ich mich immer unwillkürlich, in welchem Haus, welchem Zimmer, in welcher Zimmerecke, bei welchen Menschen nähme sich dieses Bild gut aus, wäre es an seinem Platz. So hängen die Gemälde von Hals, Rembrandt, Vermeer erst wirklich gut in einem alten holländischen Haus... Wie ein Interieur nicht vollkommen ist ohne Kunstwerk, ist es ein Bild auch nicht, wenn es nicht in seiner ursprünglichen Umgebung aufgestellt wird, die aus der gleichen Zeit sein sollte, in der das Bild entstanden ist.

Ich weiß nicht, ob die Impressionisten mehr wert sind als ihre Zeit oder ob sie nicht vielmehr noch nicht soviel wert sind. Mit einem Wort, gibt es Seelen und Interieurs von Häusern, die bedeutender sind als das, was bisher durch Malerei ausgedrückt wurde? Ich glaube schon. [257]

*

Wie miserabel sind heutzutage oft die Häuser im Vergleich zu dem, was sie sein könnten, wenn man darauf hinarbeitete, sie etwas behaglicher einzurichten.

Vergleiche nur mal eines unserer Fenster mit einem aus der Zeit Rembrandts. Damals schien jeder eine Art Bedürfnis nach einem eigentümlich gedämpften Licht zu haben, das heute nicht mehr zu existieren scheint – wenigstens herrscht jetzt ein Bestreben vor, sich kalt, roh und ohne Liebe einzurichten. [258]

*

Ich fürchte, es wird noch dahin kommen, daß viele, die das Alte dem Neuen geopfert haben, dies sehr bereuen werden.

Vor allen Dingen auf dem Gebiet der Kunst.

Es gab eine Generation von Malern, Schriftstellern, kurz von Künstlern, die trotz ihrer Uneinigkeiten etwas Einheitliches hatten und *eine* Kraft waren. Sie tappten nicht im dunkeln, sondern hatten die Erleuchtung, so daß sie wohl wußten, was sie wollten, und nicht zweifelten . . . Das eine stützte das andere, es war etwas Kräftiges und Edles. Die Läden waren damals kleiner, und in den Ateliers herrschte vielleicht mehr Überfluß als jetzt, wo das Schöne schnell fortgeholt wird. Die vollgepfropften Ateliers, die kleineren Schaufenster, besonders der, ich nenne es nun mal so, »Köhlerglaube« der Künstler, ihre Wärme, ihr Feuer, ihre Begeisterung – was waren das für erhabene Dinge. [259]

*

Nicht daß ich alles Gegenwärtige mißbillige, das sei mir fern, aber es ist mir doch, als ginge etwas aus der früheren Zeit, das gut war und das hätte bleiben müssen, dahin – speziell in der Kunst. Aber auch im Leben selbst...

Im allgemeinen herrscht, trotz aller Regsamkeit, eine Art Skeptizismus, Gleichgültigkeit und Kälte. [260]

*

Man wird wohl genötigt sein zu erkennen, daß vieles Neue, worin man anfänglich einen Fortschritt zu sehen glaubte, in der Tat weniger Gediegenheit hat als das Alte; infolgedessen wird sich ein Bedürfnis nach starken Männern einstellen, die das Ganze wieder aufrichten können. [261]

*

Nicht in jeder Hinsicht sind die durch die Neueren in die Kunst gebrachten Veränderungen auch Verbesserungen, nicht alles ist Fortschritt, weder in der Arbeit noch in der Person der Künstler selbst, und oft scheint es mir, daß viele ihren Ausgangspunkt und ihr Ziel aus dem Auge verlieren oder, mit anderen Worten, nicht bei der Stange bleiben. [262]

*

Es ist, scheint mir, die Pflicht des Malers, danach zu streben, einen Gedanken in seine Arbeit zu legen. [263]

*

Ich glaube, man denkt viel gesünder, wenn die Gedanken dem direkten Kontakt mit den Dingen entspringen, als wenn man die Dinge mit der Absicht betrachtet, dieses oder jenes darin zu finden.

So ist es nun auch mit der Frage des Kolorits. Es gibt Farben, die von selbst schön zueinander stehen – und ich tue mein Bestes, es so zu machen, wie ich es sehe, bevor ich darauf hinarbeite, es so zu machen, wie ich es fühle.

Und doch ist das Gefühl etwas Großes, ohne es würde man nichts zustande bringen. [264]

*

Im Malen ist etwas Unendliches ... in den Farben sind verborgene Dinge von Harmonie oder Kontrast, Dinge, die durch sich selber wirken und die man durch kein anderes Medium ausdrücken kann. [265]

*

Wir haben beide die Eigentümlichkeit, daß wir mit Vorliebe hinter die Kulissen sehen, oder, anders ausgedrückt, wir haben eine Neigung, die Dinge zu analysieren.

Das ist nun, glaube ich, gerade die Eigenschaft, die man haben muß, um zu malen. – Beim Malen oder Zeichnen muß man diese Kraft einsetzen, und mag es vielleicht auch zutreffen, daß etwas davon von Natur aus in uns sein muß, so entwickelt sich das künstlerische Empfinden im wesentlichen doch erst später und reift durch Arbeiten. [266]

*

Mag man faseln von Technik, was man will, mit pharisäischen, hohlen, scheinheiligen Worten; die wahren Maler lassen sich von ihrem Gewissen, das man Gefühl nennt, ihrer Seele, ihrem Gehirn leiten. [267]

*

Es ist eine fatale Sache für mich, daß sie sagen, ich hätte »keine Technik« – es ist aber auch auf der anderen Seite wahr, daß ich viele Leute, die gerade am meisten *über Technik* faseln, sehr schwach finde! [268]

*

Ich will Dir sagen, ... warum es mir gut scheint zu kopieren. Man verlangt von uns Malern, daß wir immer selbst *komponieren* und nichts als *Kompositeure* sind. Gut, aber in der Musik ist das nicht so, und wenn jemand Beethoven spielt, dann wird er seine persönliche Deutung hinzufügen. In der Musik und vor allem im Gesang bedeutet auch die *Interpretation* des Komponisten etwas; sonst dürfte man ja nur den Komponisten, der seine eigenen Arbeiten spielt, gelten lassen. – Eine Menge Maler kopiert nicht, andere wieder kopieren. Ich bin durch Zufall darauf gekommen und finde es sehr lehrreich, und vor allem tröstet es. Mein Pinsel bewegt sich so schnell in meinen Händen, wie ein Bogen über die Violine hingeht – und sehr zu meinem Vergnügen... Gerade jetzt, wo ich krank bin, versuche ich, etwas zu machen, was mich tröstet und besonders erfreut. [269]

*

Wieviel Schönes gibt es doch in der Kunst!

Wenn man sich nur dessen erinnern kann, was man gesehen hat, dann ist man niemals müßig oder wahrhaft einsam und niemals allein. [270]

*

Daß ich mit Ausdauer ans Ziel kommen werde, glaube ich *bestimmt.* [271]

*

Daß ich der Kunst gegenüber einen bestimmten Glauben habe, rührt auch daher, daß ich weiß, was ich in meiner eigenen Arbeit erreichen will, und daß ich suchen werde, das zu erreichen, auch wenn ich selbst dabei zugrunde ginge. [272]

*

Es ist herrlich, etwas anzuschauen und es schön zu finden, darüber nachzudenken und es festzuhalten und dann zu sagen: Das werde ich einmal zeichnen, und dann so lange daran arbeiten, bis es dasteht.

Nun versteht es sich von selbst, daß ich darum mit meiner Arbeit noch nicht zufrieden bin, daß ich etwa denken könnte, es sei nicht noch besser zu machen. Der Weg, es später besser zu machen, ist der, es heute so gut zu machen, wie man nur kann, dann gibt es morgen von selbst einen Fortschritt. [273]

*

Eine Arbeit, mit der man sich geschunden hat und bei der man sein Bestes tut, um Charakter und Empfindung hineinzulegen, ist weder reizlos noch unverkäuflich. Und es ist vielleicht sogar besser, wenn man nicht sofort jedem gefällt. [274]

*

Lieber sorge ich dafür, daß ich in meinem Fach tüchtig bin, als daß ich mich übereile, nur damit ich um Gottes willen eine kleine Zeichnung verkaufe. [275]

*

In der ersten Zeit seiner Existenz als Maler macht man es sich manchmal unabsichtlich selbst recht schwer; und zwar infolge des Gefühls, die Sache noch nicht zu beherrschen, infolge der Unsicherheit, in welcher man schwebt, ob man sie beherrschen wird, und der großen Lust, weiterzukommen; und weil man sich selbst noch nichts zutraut, *kann* man sich eines gewissen Gehetztseins nicht erwehren, und so hetzt man sich ab, auch wenn man nicht gehetzt arbeiten will.

Man kann nichts daran ändern, und es ist auch eine Zeit, die man nicht entbehren kann und die, wie ich glaube, nicht anders sein darf und kann ...

Das betrachte ich aber nicht als etwas Entmutigendes, weil ich es bei anderen, die es später dann mehr und mehr von selbst verloren, ebenso stark wie bei mir bemerkt habe.

Und daß man *in gewissen Zeiten* nur in dieser *mühsamen* Weise arbeiten kann, das bleibt, glaube ich, während des ganzen Lebens so – nur erreicht man später wohl mehr damit als am Anfang. [276]

*

Wenn man mehr und mehr merkt, daß man selbst nicht vollkommen ist und nicht ans Ziel kommt und daß es um andere ebenso steht, daß also beständig Schwierigkeiten aufkommen, die das Gegenteil von Illusionen sind, dann glaube ich, daß diejenigen, die dabei den Mut nicht verlieren und nicht gleichgültig werden, reifer werden und daß man aushalten muß, gerade um reifer zu werden. [277]

*

Wenn man überdauern will, muß man so bescheiden arbeiten wie ein Bauer. [278]

*

Ein Gemälde wird schließlich irgendwann so banal wie eine Predigt, und ein Maler ist am Ende ein Mensch, der ein Jahrhundert zurück ist. [279]

*

Sollten die Maler denn nicht wie alle Arbeiter leben? Ein Zimmermann, ein Schmied bringt normalerweise zwar unendlich viel mehr zustande, aber auch für die Maler müßte es große Werkstätten geben, wo jeder regelmäßig arbeiten kann. [280]

*

Wenn ich mir sage, ich will um jeden Preis meine Bilder zu Ende bringen, ich will sie sorgfältig machen, ja alle Schwierigkeiten bedenken, das wechselnde Licht und so weiter, dann fühle ich mich geradezu unfähig, resigniere am Schluß und sage mir, nur Erfahrungen und die kleine Arbeit eines Tages lassen einen reifen und ermöglichen Vollkommenes und Wichtiges. Darum ist die langsame, langwierige Arbeit der einzige Weg und jeder Ehrgeiz, etwas Gutes zu schaffen, immer falsch. Wenn man jeden Tag an die Arbeit geht, wird man Bilder verpfuschen, aber es werden auch welche gelingen. Ein durchaus ruhiges und geregeltes Leben ist zur Malerei nötig. [281]

*

Arbeitet man unaufhörlich nach der Natur, ohne sich vorher zu sagen, ich will dies oder jenes machen, als würde man Stiefel erst mal ohne Absätze schustern, so wird man nicht immer etwas Gutes machen. Gerade an den Tagen aber, wo man es am wenigsten vermutet, findet man ein Motiv, das sich neben den Arbeiten unserer Vorgänger sehen lassen kann. Man lernt dann eine Landschaft kennen, deren Wesen ganz anders ist, als es auf den ersten Blick erscheint. [282]

*

Es ist schwer, jemandem zu sagen, er solle sich anders ausdrücken, man malt auch nicht so, wie man sieht. [283]

*

Weißt Du, wie sehr, sehr notwendig es ist, daß der Kunst ehrliche Leute erhalten bleiben? Ich will nicht behaupten, daß es keine gibt, aber Du fühlst wohl selbst, was ich meine, und weißt genauso wie ich, daß eine Menge Leute, die malen, ganz große Lügner sind. [284]

*

Fast niemand weiß, daß das Geheimnis schöner Arbeit zum größten Teil in Treue und aufrichtigem Gefühl liegt. [285]

*

Ich war vielleicht zu hart . . ., als ich behauptete; es gelte mehr die Maler als die Bilder zu lieben. Aber ich kann das Problem nicht lösen, selbst wenn ich davorstehe und zuschaue, wie sehr unsere lebenden Künstlerfreunde darunter leiden, daß ihnen Geld fehlt, sich zu erhalten und die Farben zu zahlen, und wenn ich andererseits die hohen Preise sehe, die man für die Bilder der toten Maler bezahlt. In einer Zeitung las ich den Brief eines Sammlers von griechischer Kunst an einen Freund. Darin stand der Satz: »Du liebst die Natur, ich liebe alles von Menschenhand Gemachte, dieser Unterschied unseres Geschmacks verbindet uns aber im Grunde zu einer Einheit.« Und ich fand das besser als meine eigenen Überlegungen dazu. [286]

*

Es gibt eben Menschen, die lieben das sichtbar Lebendige und sind ganz verrückt oder krank danach – das sind die Maler. Und dann gibt es Menschen, die lieben, was durch Menschenhand entstanden ist, und entwickeln daraus eine besondere Liebe zu den Gemälden. [287]

*

Vielleicht ist es das beste, unsere kleinen Miseren zu verspotten und auch ein wenig die großen des menschlichen Lebens.

Wir Künstler in der heutigen Gesellschaft sind nur zerschlagene Krüge. [288]

*

Alkohol oder Tabak haben das Gute oder Schlechte, je nachdem, daß sie sozusagen Gegenmittel gegen die Liebe sind. Sie sind nicht immer zu verachten bei der Ausübung der schönen Künste. Was eben beweist, daß man nicht vergessen darf, alles von der heiteren Seite zu nehmen. Tugend und Nüchternheit würden mich, das fürchte ich nur allzusehr, wieder in diese Stürme führen, wo ich gewöhnlich sehr rasch und vollkommen die Richtschnur verliere; und jetzt muß ich versuchen, weniger Leidenschaft und mehr Bonhomie zu bekommen.

Die gewöhnlichen Leidenschaften bedeuten mir nicht viel, obwohl ich durchaus die Kraft spüre, mit anderen Menschen verbunden zu bleiben und gemeinsam mit ihnen zu leben. [289]

*

Ich finde täglich Beweise für die Behauptung, daß eine Hauptursache des vielen Elends unter den Künstlern in ihrer gegenseitigen Uneinigkeit liegt, in der mangelnden Zusammenarbeit und darin, daß sie nicht gut, sondern falsch zueinander sind. [290]

*

Man kann es in gewissem Sinne bedauern, daß Macht nicht anders als durch Einigkeit entsteht, nur dadurch, daß verschiedene Personen diesselbe Sache lieben und daran arbeiten – denn vereint können sie mehr, als ihre verschiedenen Energien vermöchten, solange jede einer anderen Richtung zustrebt. [291]

*

Ich ziehe es vor, die Dinge zu sehen, wie sie sind, sie zu nehmen, wie sie sind, ohne etwas dran zu ändern, das ist besser, als nur halb refomieren. Die große Revolution: die Kunst für die Künstler, das ist vielleicht eine Utopie, aber dann – um so schlimmer.

Ich finde, das Leben ist so kurz und vergeht so rasch; wenn man Maler ist, muß man eben immer drauflosmalen. [292]

*

Ich kann Dir schon im voraus sagen: Alle Welt wird finden, daß ich zu schnell arbeite.

Glaube nichts davon. Nicht wahr, die Erregung, der Ernst des Naturgefühls, die uns leiten – die sind manchmal so stark, daß man gar nicht fühlt, daß man arbeitet. Mitunter kommen die Striche Schlag auf Schlag, und sie folgen aufeinander wie Worte in einem Gespräch oder in einem Brief; da muß man daran denken, daß es nicht immer so ist und daß man in Zukunft viele schwere Tage ohne Eingebung haben kann. Man muß eben das Eisen schmieden, solange es heiß ist, und die gehämmerten Blöcke beiseite stellen. [293]

*

Nur dann spüre ich noch das Leben, wenn ich wie wild darauflosarbeite... So allein, so isoliert, warte ich nur auf die Erregung gewisser Augenblicke und lasse mich dann bis zum Exzeß gehen. [294]

*

Rasch arbeiten heißt keineswegs leichtsinnig oder weniger ernst arbeiten, das hängt vom Nachdruck und von der Erfahrung ab. [295]

*

Es geht mit dem Leben wie mit dem Zeichnen, man muß manchmal schnell und entschlossen handeln, die Sache mit Energie anpacken und dafür sorgen, daß die großen Linien blitzschnell dastehen. Da kommt kein Zaudern, kein Zweifel zustatten, und die Hand darf nicht zittern, das Auge nicht hin und her blicken, sondern muß fest auf das gerichtet bleiben, was man vor sich hat, und man muß sich so hineinvertiefen, daß in kurzer Zeit auf dem Papier oder der Leinwand, wo vorher nichts war, etwas gestaltet ist, so daß man später selbst kaum weiß, wie man es hingeworfen hat. Die Zeit des Überlegens und Nachdenkens muß dem entschlossenen Handeln vorangehen. Beim Tun selbst ist wenig Raum zum Nachdenken oder Überlegen. [296]

*

Einer der schönsten Reichtümer der Maler dieses Jahrhunderts ist die Malerei des *Dunkels,* das doch *Farbe* ist. – Und wie sehr kommt es darauf an, die Farben, die man *nicht benennen kann* und auf denen im Grunde eigentlich alles beruht, auf der Palette mischen zu können. [297]

*

Ich habe zuweilen gedacht, daß die Leute, wenn sie über Farbe sprechen, eigentlich den Ton meinen.

Und vielleicht gibt es augenblicklich mehr Tonisten als Koloristen. Dies ist nicht ein und dasselbe, obwohl es sehr gut zusammengehen kann.

Um jedoch noch einmal auf die Frage zurückzukommen, ob man mit einer so schmutzigen Farbe wie dem Grau der Straßensteine einen Abendhimmel oder eine blonde Frau malen kann, so ist diese Frage eine doppelte.

Erstens nämlich kann eine dunkle Farbe hell erscheinen oder vielmehr *wirken,* das ist eigentlich mehr eine Frage des Tons, aber was dann die eigentliche Farbe angeht, so wird ein Rot-Grau, das verhältnismäßig wenig rot ist, je nachdem was für Farben daneben stehen, mehr oder noch weniger rot erscheinen. Und so ist es auch mit Blau und ebenso mit Gelb. Man muß nur ganz wenig Gelb in eine Farbe tun, um sie sehr gelb wirken zu lassen, wenn man sie zwischen oder neben violette oder lila Töne setzt. [298]

*

Man muß die einzelne Farbe für sich studieren, in Verbindung freilich mit ihrem Kontrast, ehe man seiner

Sache sicher sein kann, d. h. ehe man sicher sein kann, daß man harmonisch ist. [299]

*

Absolutes Schwarz kommt eigentlich nicht vor. Es ist jedoch in beinahe allen Farben vorhanden, ebenso wie das Weiß, und bildet die unendlichen, in Ton und Stärke verschiedenen Variationen von Grau, so daß man also in der Natur nichts anderes als diese Töne oder Grade der Stärke sieht.

Es gibt nur drei Grundfarben: Rot, Gelb, Blau. Die zusammengesetzten sind Bronze, Grün, Violett.

Daraus entstehen durch Beimischung von Schwarz und etwas Weiß die unendlichen Variationen von Grau: Rotgrau, Gelbgrau, Blaugrau, Orangegrau, Violettgrau.

Es ist z. B. unmöglich zu sagen, wie viele verschiedene Grüngraus es gibt, das variiert ins Unendliche.

Die ganze Chemie der Farben ist nicht komplizierter, als diese wenigen einfachen Grundprinzipien es sind, und ein guter Begriff davon ist mehr wert als siebzig verschiedene Farbtöne, da man mit den drei Hauptfarben und Weiß und Schwarz mehr als siebzig Töne herstellen kann. Ein Kolorist ist einer, der beim Sehen einer Farbe in der Natur diese ganz munter zu analysieren versteht und z. B. sagen kann: »Das Grüngrau ist Gelb mit Schwarz und beinahe ohne Blau etc.«, und der auf Anhieb die verschiedenen Graus der Natur auf der Palette herzustellen weiß. [300]

*

Ich habe in der letzten Zeit ganz besonders selten mit Malern gesprochen. Ich habe mich nicht schlecht dabei befunden. Es ist nicht so sehr die Sprache der Maler als die Sprache der Natur, der man lauschen muß. [301]

*

Die Natur ist streng und gewissermaßen hart, aber sie betrügt nie und hilft stets vorwärts.

Jeder, der mit Liebe arbeitet und mit Intelligenz, hat gerade in seiner aufrichtigen Liebe zur Natur und zur Kunst eine Art von Panzer gegen die Meinungen der Menschen ...

Wenn ich keine Liebe zur Natur und zu meiner Arbeit hätte, dann wäre ich unglücklich. Aber je weniger ich mit den Menschen zurechtkomme, desto mehr lerne ich der Natur vertrauen und mich auf sie konzentrieren. Alle diese Dinge machen mich innerlich mit der Zeit immer frischer; Du wirst schon sehen, daß ich keine Angst habe vor einem frischen Grün oder einem zarten Blau und den tausenderlei verschiedenen Grautönen; es gibt nämlich fast keine Farbe, die nicht auch ein Grau ist: Rotgrau, Gelbgrau, Grüngrau, Blaugrau. Darauf läuft die ganze Farbenmischung hinaus. [302]

*

Die Dinge selbst, die Wirklichkeit zu fühlen, ist von größerer Wichtigkeit, als Bilder zu fühlen, wenigstens ist es fruchtbarer und lebenerweckender. [303]

*

Wenn ich nun ein so großes, ein so weites Gefühl habe für die Kunst und das Leben selbst, dessen Essenz die Kunst ist, klingt es mir so scharf und falsch, wenn Leute nur dem Erfolg nachjagen. [304]

*

Liebe die Natur, denn das ist die wahre Art, die Kunst mehr und mehr zu verstehen.

Die Maler begreifen die Natur und haben sie lieb und *lehren uns sehen.* [305]

*

Es gibt Maler, die nur Gutes machen, die nichts Schlechtes machen *können,* ebenso wie es auch Alltagsmenschen gibt, bei denen alles, was sie tun, gut ist. [306]

*

Farbe drückt durch sich selbst etwas aus. [307]

*

Was schön wirkt, wirklich schön, ist auch richtig. [308]

*

Ich behalte von der Natur eine gewisse Reihenfolge und eine gewisse Richtigkeit in der Anwendung der Töne bei, ich studiere die Natur, um nicht verrückte Dinge zu machen, um vernünftig zu bleiben – doch ob meine Farbe buchstäblich genau diesselbe ist, darauf achte ich weniger, wenn sie nur auf meiner Leinwand gut wirkt, ebenso gut, wie sie im Leben wirkt. [309]

*

Gesetzt, ich muß eine Herbstlandschaft malen, Bäume mit gelben Blättern. Gut – wenn ich sie als eine Symphonie in Gelb auffasse, was macht es dann aus, ob meine Grundfarbe Gelb ganz genau so ist wie diejenige, die die Blätter haben, oder nicht? Das nützt oder schadet nur *wenig. Viel, alles* aber kommt auf mein Gefühl für *die unendliche Verschiedenheit* der Töne *derselben Familie* an. [310]

*

Man beginnt damit, sich fruchtlos abzuschinden, der Natur zu folgen, und alles geht gegen den Strich; man endet damit, still aus seiner Palette zu schöpfen, und die Natur stimmt damit überein, anschließend. [311]

*

Obwohl ich glaube, daß die schönsten Bilder im wesentlichen aus dem Kopf gemacht werden, kann ich doch nicht davon abkommen, daß man *nicht zuviel* nach der Natur studieren, ja sogar schuften kann. [312]

*

Man hat zuweilen Zeiten, in denen man gegen die Dinge der Natur abstumpft oder in denen die Natur nicht mehr zu uns zu sprechen scheint, ich stimme Dir da vollkommen bei. Auch ich habe das oft, und dann hilft es mir manchmal, wenn ich etwas ganz Neues in Anspruch nehme. Bin ich abgestumpft gegen Landschaft und Lichteffekte, dann mache ich mich an die Figuren, und umgekehrt. Manchmal kann man nichts dagegen tun als abwarten, bis es vorbei ist, doch ab und zu glückt es mir, durch Abwechslung in den Motiven, auf die ich meine Aufmerksamkeit richte, die Gleichgültigkeit zu überwinden. [313]

*

Es bringt allerlei mit sich, dieses Komponieren mit Figuren... Es ist wie beim Weben, man braucht seine ganze Aufmerksamkeit, um die Fäden auseinanderzuhalten, man muß verschiedene Dinge zugleich beachten und ständig im Auge behalten. [314]

*

Die *Gesetze* der Farbe sind unaussprechlich großartig, gerade weil es keine Zufälligkeiten sind. Ebenso wie man heutzutage nicht mehr an willkürliche *Wunder* glaubt, nicht mehr an einen Gott glaubt, der launisch und despotisch vom Hundertsten ins Tausendste springt, sondern allmählich mehr Respekt und Bewunderung für die Natur und Glauben an sie bekommt, ebenso und aus demselben Grunde finde ich, daß man in der Kunst die altmodischen Ideen vom angeborenen Genie, der Inspiration etc., ich sage nicht fortlassen, aber einmal gründlich bei Licht betrachten, verifizieren und ganz beträchtlich umgestalten muß.

Ich leugne zwar das Vorhandensein des Genies, selbst des angeborenen, nicht, doch die Schlußfolgerung, daß Theorie und Unterricht an sich nichts mit der Natur der Sache zu tun haben und immer nutzlos sein sollten, die verneine ich sehr. [315]

*

Es wird mehr und mehr meine Überzeugung, daß die wahren Maler nicht in dem Sinne »fertigmachen«, in dem man das Fertigmachen nur allzu oft verstanden hat, das heißt, wenn man die Nase darauflegt.

Die besten Bilder, und gerade die vom technischen Gesichtspunkt aus vollendetsten, sind aus der Nähe betrachtet nebeneinanderstehende Farbflecke und wirken nur auf einen gewissen Abstand. [316]

*

Ach – ein Bild muß gemalt sein –, aber warum nicht einfach? Wenn ich mich im Leben selbst umschaue, habe ich ähnliche Eindrücke. Ich sehe die Leute auf der Straße, gut, aber ich finde die Dienstmädchen oft sehr viel interessanter und schöner als die Damen – die Arbeiter interessanter als die Herren. [317]

*

Ich male lieber die Augen von Menschen als Kathedralen, denn in den Augen wohnt etwas, was den Kathedralen, auch wenn diese ehrwürdig und imponierend sind, fehlt; die Seele eines Menschen, wäre es auch nur die eines armen Schluckers oder eines Straßenmädchens, ist in meinen Augen interessanter. [318]

*

Ich habe oft ein starkes Verlangen, Landschaften zu machen, um mich einmal zu erfrischen usw., ebensosehr wie das Verlangen nach einem weiten Spaziergang; ich sehe in der ganzen Natur, z. B. in den Bäumen, Ausdruck und sozusagen Seele. Eine Reihe Kopfweiden hat zuweilen etwas wie eine Prozession von Waisenmännern.

Das junge Korn kann etwas unaussprechlich Reines und Sanftes haben, das eine ähnliche Rührung erweckt wie z. B. der Ausdruck eines schlafenden Kindchens.

Das niedergetretene Gras am Rand eines Weges hat etwas Ermüdetes und Bestaubtes wie die Bevölkerung eines Arbeiterviertels. Als es neulich geschneit hatte, sah ich eine kleine Gruppe von Wirsingkohl, der so recht verfroren dastand, und das erinnerte mich an eine kleine Gruppe von Frauen, die ich, in ihren dünnen Röcken und alten Umschlagtüchern, morgens früh hatte stehen sehen...

Wie gut kann es einem Menschen tun, wenn er, trübe gestimmt, am öden Strand spazierengeht und auf das graugrüne Meer mit den langen weißen Wellenstreifen sieht. Hat man jedoch Verlangen nach etwas Großem, Unendlichem, nach etwas, worin man Gott sehen kann, dann braucht man nicht weit zu suchen, mir scheint, ich sah etwas noch Tieferes, Unendlicheres, Ewigeres als den Ozean im Ausdruck der Augen eines kleinen Kindes. [319]

*

Was für eine hohe Kunst ist das, wenn die Kunst einfach wahr ist! [320]

*

Schreibe mir nur weiter über meine Arbeit, und fürchte nicht, mich durch Bemerkungen zu verletzen, ich werde derartige Verletzungen als Beweise der Sympathie auffassen, einer Sympathie, die tausendmal mehr wert ist als Schmeichelei. Du schreibst von praktischen Dingen; ich muß von Dir lernen, praktisch zu werden, also mußt Du mir viel predigen; denn ich weigere mich nicht, mich zu bekehren, und ich bin der Bekehrung sehr bedürftig!

[321]

*

Es bleibt und kommt immer wieder für Augenblicke im vollen künstlerischen Schaffen – die Sehnsucht nach dem wahren Leben, dem idealen, das sich nicht verwirklichen läßt.

Und mitunter wünschen wir gar nicht mehr, uns voll der Kunst hinzugeben und dafür wiederaufzuleben. Man fühlt sich wie ein Droschkengaul, und man weiß, es ist immer dieselbe Karre, vor die man sich spannt. Und dann will man nichts mehr davon wissen. Man möchte nur noch auf einem Stück Wiese leben mit etwas Sonne, möchte einen Bach haben und die Gesellschaft anderer Pferde, die auch frei sind, und würde sich gerne fortzeugen.

Und vielleicht kommt am Ende daher unsere Herzkrankheit, vielleicht spielt ein wenig von alldem dabei mit, das würde mich gar nicht erstaunen. Man revoltiert nicht mehr gegen die Dinge. Man ist auch nicht mehr resigniert. Man ist krank, das wird nie mehr vorbeigehen, und man kann nie mehr wirklich davon gesunden.

Ich weiß nicht, wie man diesen Zustand nennen mag:

vom Tod getroffen sein und von der Unsterblichkeit. Die Karre, die man zieht, muß wohl irgendwelchen Leuten nützen, die man nicht kennt. Und dann, wenn wir an die neue Kunst glauben, an die Kunst der Zukunft, dann täuscht uns unser Vorgefühl nicht. So sagte der gute Vater Corot* ein paar Tage vor seinem Tod: »Ich habe diese Nacht im Traum Landschaften gesehen mit ganz rosafarbenem Himmel.« Und tatsächlich, sind die Himmel nicht rosa und gelb und grün geworden in den Landschaften der Impressionisten? Damit will ich nur sagen, daß es Dinge gibt, die man vorausspürt und die wirklich eintreffen.

Und wir, die wir dastehen und nur noch auf unsern Glauben angewiesen sind, so nahe wie nie am Tod, wir spüren trotzdem fest, daß die Sache größer ist als wir und von längerer Dauer als unser Leben. Wir fühlen nicht gerade, daß wir sterben, aber wir spüren bitter wirklich, wie wenig wir sind, und daß wir, um ein Glied in der Kette der Künstler zu sein, einen harten Preis zahlen mit unserm Blut, unserer Jugend, unserer Freiheit, deren wir niemals froh geworden sind, so wenig wie ein Droschkengaul vor einem Wagen voll Leute, die in den Frühling fahren, um sich zu freuen. [322]

*

Haben Sie denn schon wahrgenommen, daß die alten Droschkengäule so große schmerzdurchzuckte Augen haben wie manche Christusgestalt? Aber wie dem auch sei, wir sind keine Wilden, keine Bauern, und mitunter

* Der Maler Camille Corot (1796-1875)

sind wir sogar vielleicht *verpflichtet,* diese (sogenannte) Zivilisation zu lieben. [323]

*

Die feuchte Kälte kommt ins Haus ... An solchen Tagen wäre es gemütlich, wenn man einmal einen Freund besuchen oder bei sich haben könnte, und es ist gerade an solchen Tagen, daß man manchmal eine Leere in sich fühlt, wenn man nirgends hingehen kann und niemand kommt. Aber gerade dann fühle ich, was Arbeit ist, wie unabhängig von Anerkennung oder Mißbilligung sie dem Leben Klang gibt, und wie froh man ist, an Tagen, da man sonst melancholisch werden würde, einen eigenen Willen zu haben. [324]

*

Das gerade ist das Kennzeichen des Künstlerlebens, daß man, selbst wenn man nicht auf dem richtigen Weg ist, sich doch beinahe so glücklich fühlt, als ob man auf dem richtigen Weg zum Ideal hin wäre. [325]

*

Es ist allemal vorteilhafter zu arbeiten, als nicht zu arbeiten, trotz der schlechten Aussichten, die ich mit meinen Bildern habe ... In der Arbeit nämlich begegnet man sich, und das ist der beste Weg. Alles andere, auch Beziehungen zu den Menschen, ist mir gleichgültig, da ich kein Talent dazu habe; doch dafür kann ich nichts. [326]

*

Ist des Menschen Leben für uns ganz sichtbar, oder kennen wir vor dem Tod nur die eine Hälfte?

Die Maler, um nur von ihnen zu sprechen, teilen, wenn sie tot in der Erde liegen, sich den folgenden und wieder darauffolgenden Generationen durch ihre Werke mit.

Ist das alles, oder gibt es da noch mehr? Im Leben des Malers ist der Tod vielleicht nicht das Schwerste. Ich für mein Teil erkläre, nichts von alledem zu wissen, aber der Anblick der Sterne macht mich immer träumen. Gerade so unwillkürlich, wie die schwarzen Punkte auf der Landkarte, die Städte und Dörfer darstellen, mir Träume eingeben.

Ich sage mir, warum sollten die lichten Punkte am Himmelszelt weniger bedeutsam für uns sein als die schwarzen Punkte von Frankreich?

Wie wir den Zug nehmen, um nach Tarascon oder Rouen zu fahren, so nehmen wir den Tod, um zu den Sternen zu gelangen.

Sicher ist eines bei dieser Überlegung wahr: daß wir uns nämlich ebensowenig im *Leben* auf einen Stern begeben können, wie wir als Tote den Zug besteigen können.

Endlich scheint es mir nicht unmöglich, daß die Cholera oder ein Blasenleiden, die Schwindsucht oder sonst etwas ein Mittel zur Reise in den Himmel sind, wie die Dampfschiffe, die Omnibusse und die Eisenbahnen es auf Erden sind.

Ruhig an Altersschwäche sterben, das wäre zu Fuß gehen. [327]

*

Mit meiner Gesundheit ein lustiges Leben zu führen und noch zu arbeiten, das sind zwei unvereinbare Dinge, und wie es nun einmal steht, muß ich mich eben darauf beschränken, Bilder zu malen. Das ist nicht das Glück und nicht das wahre Leben, aber was willst Du, selbst dieses Künstlerleben, von dem wir wissen, daß es nicht *das* Leben ist, scheint mir noch lebensvoll genug, und es wäre undankbar, sich nicht damit zu begnügen. [328]

*

Die *Hoffnung*, der *Wunsch*, mich durchzusetzen, das ist zerbrochen. Ich arbeite aus *Notwendigkeit*, um seelisch nicht so sehr zu leiden ... [329]

*

Ich glaube, es ist sicher besser, Kinder großzuziehen, als seine ganze Nervenkraft ins Bildermalen zu legen. [330]

*

Es ist wichtiger zu leben, als Kunst zu machen. [331]

*

Unser Weg geht vorwärts: die Fußstapfen umzukehren ist verboten und unmöglich, d. h., man sollte zwar auch zurückdenken, aber ohne der Vergangenheit zu verfallen und allzu melancholisch zu werden... Dieses unselige Leiden an seiner Verzweiflung! Aber vielleicht hat mich gerade das wieder für einige Zeit kuriert. Dafür bin ich dankbar... Ich will ja nicht ermatten, und auf jeder neuen Leinwand suche ich auch etwas Neues. Ach, ich möchte fast glauben, ich habe eine neue Zeit der Helle vor mir. –

Ich schufte wirklich wie eine Besessener. Ich habe eine stumme Arbeitswut in mir, mehr denn je. Und ich glaube, das trägt zu meiner Genesung bei. Vielleicht mache ich auch die Erfahrung, von der Eugène Delacroix spricht: »Ich fand die Malerei, als ich keine Zähne mehr hatte und auf dem letzten Loch pfiff.« Ich möchte, daß meine elende Krankheit mich mit stummer Wut arbeiten läßt, sehr langsam, aber vom Morgen bis zum Abend, ohne Unterbrechung: darin steckt wahrscheinlich das Geheimnis, im langen, langsamen Arbeiten. Was weiß ich. [332]

*

Ich kämpfe mit aller Kraft, um meine Arbeit zu meistern, und sage mir, wenn ich gewinne, so ist das der beste Blitzableiter für meine Krankheit. [333]

*

Das Nötigste ist, daß ich Besseres leiste als früher; denn das hat nicht genügt. [334]

*

Ich denke bei meiner Gehirnkrankheit an viele andere Künstler, die ebenso gelitten haben, und sage mir, daß dieser Zustand nicht am Malen hindert, es ist eigentlich, als ob gar nichts wäre. [335]

*

Ich gebe die Hoffnung auf, daß die Krankheit nicht wiederkommt, im Gegenteil, man muß sich sagen, daß ich von Zeit zu Zeit immer wieder Anfälle haben werde. Aber solange kann man ja ins Irrenhaus oder Gemeindegefängnis gehen, wo es eine Tobsuchtszelle gibt. Sorge Dich auf keinen Fall. Mit der Arbeit geht es gut, und ich kann Dir gar nicht sagen, wie sehr es mich mitunter auffrischt, Dir zu sagen: Ich mache jetzt dies und jenes. [336]

*

Ich habe immer Angst vor dem Leiden dieser Anfälle, und ich weiß nicht, ob mein Eifer etwas anderes ist als eben bei jenem, der sich töten wollte, das Wasser aber zu kalt fand und nun kämpft, um das Ufer zu gewinnen. [337]

*

Übrigens bin ich überzeugt, daß die Heilung kommt, wenn man tapfer seine Eigenliebe und seinen eigenen Willen aufgibt, gänzlich verzichtet und sich dem Leben oder auch dem Tod hingibt. Aber das ist nichts für mich, ich will malen, Menschen und Dinge sehen und alles, was unser tätiges Leben ausmacht. [338]

*

Man kann nicht nur Gemälde machen, sondern man muß auch Menschen sehen und sich von Zeit zu Zeit durch den Verkehr mit anderen auffrischen, um auf neue Gedanken zu kommen. [339]

*

Wenn ich heute über meinen Zustand sinniere und hoffe, daß ich zwischen den Anfällen, die ja leider immer von Zeit zu Zeit wiederkehren werden, doch klare Arbeitszeiten habe, so sage ich mir, ich brauche mich nicht in die idée fixe einer dauernden Krankheit zu verbohren. Ich muß vielmehr mein kleines Malerleben standhaft weiterführen. [340]

*

Die Malerei verdrängt meine Gedanken an alles andere... Es ist schon fatal, denn das Handwerk ist ziemlich undankbar und seine Nützlichkeit sogar bestreitbar. –

Nur für Augenblicke, wenn die Wogen sich gleichsam brechen an den stumpfen Klippen der Verzweiflung, bricht manchmal ein Sturm von Sehnsucht aus mir hervor, irgendeine Sache zu umarmen, irgendeine Frau, eine Art häuslicher Glucke. Aber schließlich muß man das nehmen als das, was es ist, eher als Auswirkung einer hysterischen Überreizung denn als ein Bild der gültigen Wirklichkeit. [341]

*

All der abergläubische Spuk, den man über die Malerei schwätzt, macht mich zunehmend melancholisch – um so mehr, als daran immer ein Gran Wahrheit ist, denn ein Maler wird als Mensch zu sehr absorbiert durch das, was seine Augen schauen, und kann deshalb die übrigen Kräfte nicht recht meistern. [342]

*

Je mehr ich aus dem Leim gehe, kränker, brüchiger werde, um so mehr werde ich Künstler, ein Schöpfer in dieser großen Wiedergeburt der Kunst, von der wir sprechen.

Die Dinge liegen ganz sicher so, diese Kunst existiert und diese Wiedergeburt, der grüne Schößling, der aus den Wurzeln des alten, abgehauenen Stammes hervorging. Das sind jedoch geistige Dinge, so daß uns eine gewisse Schwermut bleibt, wenn wir daran denken, mit wie wenig man das Leben hätte überstehen können ohne die Kunst... Es gibt nur ein einziges Mittel, um Haltung und Heiterkeit zu finden, und das ist, Besseres zu machen. [343]

*

Es gibt in den höheren Sphären nur eine Gleichheit der Genies, doch weiter hinauf als auf den Gipfel des Berges kann man nicht steigen...

Auf dem Gebiet der Kunst ist der Gipfel allerdings schon erreicht. Ganz gewiß werden wir in den Jahren, die kommen, noch schöne Dinge sehen, etwas Erhabeneres aber, als wir schon gesehen haben – nein.

Und ich meinesteils fürchte, daß vielleicht in wenigen Jahren eine Art *Panik* ausbrechen wird... Das Wort décadence, jetzt geflüstert oder in verblümter Weise ausgesprochen, wird dann wie eine Alarmglocke erschallen.

Mancher, ich selbst z. B. auch, schweigt nun still, weil man ohnehin den Namen eines Spielverderbers hat, und weil es nichts hilft, darüber zu reden. Dieses, nämlich das Reden, ist es nicht, worauf es ankommt – nein, arbeiten muß man, und sei es mit Trauer im Herzen; diejenigen, die später am lautesten über die décadence schreien wollen, das werden selbst die dekadentesten sein. Ich wiederhole: Nur an ihren Werken sollt ihr sie erkennen, und es werden nicht die Redegewandtesten sein, die die größten Wahrheiten sagen. [344]

*

Wirklich, wir können nur unsere Bilder sprechen lassen. [345]

*

Ich sitze nun zwar einsam hier, aber während ich hier sitze und den Mund halte, redet möglicherweise mein Werk mit meinem Freund, und wer es sieht, wird mich nicht der Lieblosigkeit zeihen. Aber glaube mir, die Unzufriedenheit mit mangelhafter Arbeit, das Mißglücken der Sachen, die Schwierigkeiten der Technik können furchtbar melancholisch machen ... Dann muß man sich die Verzweiflung und Melancholie verbeißen, muß mit sich, so wie man ist, Geduld haben, nicht, um sich auszuruhen, sondern um sich weiter zu bemühen, trotz tausender Mängel und Fehler und trotz der Ungewißheit ihrer Überwindung. [346]

*

Es muß doch, wenn man stirbt, etwas Gutes sein, das Bewußtsein zu haben, daß man das eine oder andere geschaffen hat, was wahrhaftig gut ist, und zu wissen, daß man dadurch wenigstens im Gedenken einiger fortleben wird und diesen Nachfolgern ein gutes Vorbild hinterlassen hat. Ein Werk, das gut ist, dauert zwar auch nicht in Ewigkeit, aber der darin ausgedrückte Gedanke schon, und das Werk selbst bleibt doch mit ziemlicher Sicherheit sehr lange bestehen, und wenn dann später andere auftreten, dann können sie nichts Besseres tun, als in die Fußstapfen solcher Vorgänger zu treten und es ihnen gleichzutun. [347]

*

Wenn ich an alle schlimmen Möglichkeiten dächte und ihnen nachhinge, könnte ich gar nichts machen; aber ich stürze mich, Kopf voran, in die volle Arbeit und hole mir meine Studien heraus. Wenn's drinnen allzu stürmisch ist, dann trinke ich ein Glas mehr, um mich zu betäuben. So ist man zwar nur ein Zerrbild gegenüber dem, *was man sein sollte.* Aber vorher habe ich mich weniger als *Maler* gefühlt.

Die Malerei wird für mich zu einer Zerstreuung, wie die Hasenjagd für die Schwachköpfe, die jagen gehen, um sich zu zerstreuen.

Die Aufmerksamkeit wird stärker, die Hand sicherer.

Darum wage ich, Dir beinahe zu versichern: Meine Malerei wird besser! Denn ich habe ja nichts außer ihr. [348]

*

Was ich mache ... wird von Leuten gekauft werden, die ein Bild haben möchten, weil ein Stück Natur darinsteckt.

Zum Teufel, eine Leinwand, die ich anpinsle, ist doch mehr wert als ein Stück weißes Leinen! Zum Teufel noch mal, höhere Ansprüche stelle ich ja gar nicht, das kannst Du mir glauben, aber, Herrgott, das Recht zu malen, einen Grund zu malen, habe ich allerdings.

Das hat mich auch etwas gekostet. Meine Knochen sind morsch geworden. Mein Hirn ist völlig verrückt und taugt nicht mehr zum Leben, so daß ich eigentlich ins Asyl gehen sollte. [349]

*

Ich komme im Leben schlecht zurecht, und mein Geisteszustand ist nicht nur jetzt, sondern war schon immer *abstrakt,* und zwar so, daß ich – egal, was man für mich tut – nicht gezielt nachdenken kann, wie ich mein Leben ins Gleichgewicht bringen soll.

Im Hospital, wo ich Regeln befolgen muß, fühle ich mich ruhiger. [350]

*

Um Erfolg zu haben, dauerndes Glück, muß man von anderem Temperament sein als ich. Ich werde niemals das machen, wonach ich hätte streben sollen und können!

Ich, dem der Kopf so oft schwindlig wird, kann eben nur eine viert- oder fünftrangige Stelle einnehmen. –

Hätte ich die Kraft gehabt, weiterzumachen, ich hätte Bilder von heiligen Männern und Frauen nach der Natur geschaffen – mit dem Gesicht anderer Jahrhunderte; es wären Bürger von heute gewesen, und trotzdem hätten sie Ähnlichkeit mit den allerersten Christen gehabt. [351]

*

Ich versuche, geduldig zu sein. Ich tue keinem Menschen etwas zuleide. Ist es da richtig, mich wie ein wildes Tier unter Beobachtung zu stellen? Danke! Da protestiere ich. –

Viel wichtiger ist es, dem Unglück einen Platz einzuräumen. [352]

*

Ich kann ja nichts dafür, daß meine Bilder sich nicht verkaufen. Einmal aber wird der Tag kommen, da man sehen wird, daß sie mehr als den Preis der Farbe wert sind und mehr als mein ganzes erbärmliches Leben, das ich daran gehängt habe. [353]

*

Ich habe keinen anderen Wunsch als den, keine Schulden mehr zu haben. – Ich fühle den schöpferischen Drang bis zum moralischen Zerschmettertwerden und physischen Ausgeleertsein vor allem auch deshalb, weil ich am Ende gar kein anderes Mittel sehe, unsere Ausgaben jemals wieder hereinzuholen. [354]

*

Während meines ganzen Lebens habe ich alles andere als die Laufbahn eines Märtyrers gesucht, für die ich durchaus nicht geschaffen bin.

Wenn ich Schwierigkeiten vorfinde oder verursache, dann bin ich eigentlich immer sehr erstaunt. [355]

*

Ich frage mich, ist es wirklich so, wenn die Leidenschaften ein wenig erlöschen, daß man dann den Berg hinabgeht, anstatt ihn zu ersteigen? [356]

*

Der Trübsinn überkommt mich mit immer größerer Gewalt, und das um so mehr, je mehr die Gesundheit normal wird. Um so mehr denke ich auch ganz kühl darüber nach, warum ich eigentlich noch weitermalen soll, wo es uns so viel kostet und nichts einträgt – nicht einmal die Unkosten. Das scheint mir Wahnsinn und Unsinn zu sein; dabei fühle ich mich ganz traurig. [357]

*

Ich wäre schon wunschlos glücklich, wenn ich eine Anstalt fände. – Hätte ich Deine Freundschaft nicht, man würde mich ohne Gewissensbisse zum Selbstmord treiben – und so feige ich auch bin, am Ende würde ich es gar tun. [358]

*

Von dem Augenblick an, wo jemand nicht mehr lebt, erinnert man sich nur noch an seine guten Eigenschaften. Es handelt sich aber vor allem darum, diese, solange die Leute noch leben, zu erkennen, das wäre doch so einfach und würde die Widerwärtigkeiten des Lebens, die uns jetzt verwunden und schmerzen, erträglich machen. [359]

*

Das Sterben ist vielleicht nicht so schwer wie das Leben selbst. [360]

*

»Die Malerei ist eine Heimat«

Nachwort
von Ursula Michels-Wenz

Leben – Liebe – Kunst, in dieser Reihenfolge haben wir Gedanken Vincent van Goghs zu einem Erinnerungsband aus Selbstzeugnissen zusammengestellt, der den Künstler anläßlich seines hundertsten Todestags persönlich zu Wort kommen läßt. Es ist eine Reihenfolge, die bedeutungsgleich mit der Entwicklung des Menschen van Gogh gesehen werden kann, bis kurz vor seinem Tod, als die »Heimat der Malerei« versagte. Über dieser gesamten Entwicklung, die ihn unfreiwillig in die Genialität getrieben hat, müßte als übergeordneter, verbindender Bogen, als Sehnsucht und Endziel überhaupt der Begriff Heimat stehen. Heimat und Zugehörigkeit hat Vincent van Gogh ein Leben lang gesucht und vorübergehend in der Kunst gefunden. Aber auch sie war am Ende nur ein Notbehelf, ein »Strohhalm für einen Ertrinkenden« (Paul Nizon), der den Heimatlosen, den Ungeliebten und Unbequemen gerade zehn Jahre durch besessenes Schaffen über Wasser halten konnte. Am 27. Juli 1890 geht van Gogh, scheinbar wie jeden Tag, zu einem Malausflug, einen Revolver in der Tasche, angeblich, um die lästigen Krähen verscheuchen zu können. Draußen auf den Feldern vor Auvers richtet er die Schußwaffe gegen sich selbst.

Wer war Vincent van Gogh? Die Frage ist immer wieder gestellt worden, und immer wieder hat man sie anhand seiner Briefe zu beantworten versucht, weil sie die Unzertrennbarkeit seines Lebens und der daraus entstehenden Bilder am unmittelbarsten dokumentieren.

Ja, seine Worte übersteigen mitunter sogar die Kraft seiner Bilder, weswegen unsere Sammlung sie überwiegend allein, das heißt ohne die dramatischen Ereignisse des Lebens, wirken läßt. »Manche Worte haben Kräfte, die kein Bild erreicht, wenigstens keins unserer Zeit. Van Gogh hatte viele solche Worte. Sie saßen in ihm drin in tieferen Gründen als die Bilder, die nur ein Ersatz für sie waren. – Vincent ist in dem uns geläufigen Sinne nie Künstler gewesen... Nur wenn man den Künstler in ganz anderem Sinn auffaßt: als höchste Selbstlosigkeit, Fähigkeit, sich hinzugeben, sich in Menschheit und Welt restlos zu lösen, als moralische Person, der nichts als das Gewissen, ein von immer tieferer Einsicht in Natur und Gesetz geläutertes Gewissen, Ziele gibt, dann freilich ist er Künstler und der größte unserer Zeit gewesen.« (Julius Meier-Graefe)

In gültigem Zusammenhang aufgehoben zu sein, das Wahre und das Schöne ungebrochen als Einheit zu empfinden vermittels des »Lichtstrahls von oben«, wie van Gogh es nennt – das war Heimat und Lebensinhalt für ihn, war Religion und Daseinsberechtigung zugleich. Nur mußte es mit Menschen verbunden sein. Im Grunde ging er von der Nähe zu anderen aus wie von einer Selbstverständlichkeit, auf die er sich verlassen konnte, bedingungslos. Denn die Bedingungen waren für ihn nicht das Eigentliche, sie kamen ja immer von außen. Das war seine Überzeugung.

Am 30. März 1853 wird Vincent van Gogh im Pfarrhaus zu Groot-Zundert in Brabant geboren, auf den Tag genau ein Jahr, nachdem das erste Kind seiner Eltern – ebenfalls ein Vincent – tot auf die Welt gekommen war.

Schon diese Bedingung, die als Unstern über seinem Leben verstanden worden ist, da er nur »an die Stelle« eines tiefbetrauerten toten Kindes getreten war, haben manche Biographen rückblickend als einen Schlüssel für die unaufhaltsame Tragödie seines Lebens herangezogen. Aber sachlich deutet zunächst nichts darauf hin. Vincent ist kein besonders schwieriges Kind, auch nicht verhaltensauffällig in irgendeinem beachtenswerten Ausmaß.

Zu seinen fünf nachgeborenen Geschwistern hat er weder ein überschwenglich gutes noch ein gespanntes Verhältnis, ausgenommen zu Theodorus, dem vier Jahre jüngeren Bruder, den er zärtlich liebt und der später für ihn die einzige Verbindung zur Familie darstellen wird. Mit elf Jahren schicken ihn die Eltern in ein Internat. Er leidet darunter, sträubt sich aber nicht. Zu tief sitzt die religiöse und moralische Erziehung zum Gehorsam, gestützt von der Bewunderung für die Eltern, besonders den Vater, in dem er lange ein Vorbild sieht. Mit sechzehn Jahren tritt er als Lehrling in die Haager Kunsthandlung seines Onkels Vincent ein; drei Brüder seines Vaters, der insgesamt zehn Geschwister hat, sind im Kunsthandel erfolgreich tätig und wohlhabend geworden, und da im Zundertschen Pfarrhaus eher die Not als der Wohlstand entscheidet, ist man froh über das verwandtschaftliche Entgegenkommen. Mit einer Entscheidung zugunsten der Kunst hat die Wahl nichts zu tun. Freilich tun die Bilder der Meister, sofern der Lehrling Bekanntschaft mit ihnen macht, ihre stete Wirkung. Vincent ist nur zu geneigt, zu bewundern und Ehrfurcht zu empfinden, wo immer es ihm ermöglicht wird. In diese Zeit der Ausbildung fallen die ersten brieflichen Mitteilungen an Theo, der wenige Jahre später ebenfalls im Kunsthandel Brot und Arbeit finden soll (als Fünfzehnjähriger schon übersiedelt er nach Brüssel und wird Gehilfe im dortigen Unternehmen derselben Firma, Goupil & Co, bei der er zeit seines Lebens, später im Pariser Hauptgeschäft, bleiben wird).

Den zwanzigjährigen Vincent versetzt der Onkel nach London, wo die Firma eine weitere Niederlassung betreibt. Erst hier geschieht so etwas wie eine Weichenstellung für alles Folgende, das von nun an beinahe als Kettenreaktion erscheint. Ferner denn je von der Familie, die er schmerzlich vermißt, findet er einen Anflug von Geborgenheit im Haus einer Witwe, die gemeinsam mit ihrer Tochter einen Kindergarten führt. Er verliebt sich in die Tochter – und wird abgewiesen.

Daß er diese Abweisung gleichsam kampflos annahm, konnte er jahrelang nicht verwinden. Wiederholt wird er sich vorwerfen, nicht genügend Ausdauer und Nachdruck bewiesen zu haben, und weiß ab nun, daß er sich nie mehr mit Vorgegebenem abfinden wird. Unter Einsatz aller konzentrierten Energie will er fortan für das, was ihm wichtig ist, kämpfen. Die Enttäuschung über sich selbst wird zur Prädisposition für seine Zukunft.

Während dieser Neuorientierung findet er keinen Halt mehr in der Arbeitswelt seiner Umgebung, sondern nur noch in der Religion. Wenn er sich rückhaltlos hingeben würde und die Nachfolge Christi praktizierte, die ihm von Haus aus ohnehin als höchstes Ideal vorschwebte, so gab es vermutlich keine Enttäuschungen mehr. Das Opfer mußte nur groß genug sein. Mit dieser Überzeugung, die ihn letztlich das Leben kostete, wurde er unsterblich.

1876 wird Vincent nach Paris versetzt und widmet sich hingebungsvoll dem Studium der Bibel. Sein Verhalten ist abweisender geworden, der Kunsthandel erscheint ihm verlogen, er brüskiert Kunden und Vorgesetzte. Zum 1. April nötigt man ihn, seine Entlassung einzureichen. Gleich darauf, am 17. April, ist er wieder in England, diesmal als Hilfslehrer und später Hilfsprediger, bis gegen Ende des Jahres. Zu Weihnachten zieht es ihn nach Hause; sein Leben lang unterliegt er zur Zeit der Weihnachtstage unbezwingbar gesteigerten Emotionen, die ihn blind für alle »objektiven« Auseinandersetzungen machen.

Nach einem kurzen Zwischenspiel als Mitarbeiter einer Buchhandlung in Dordrecht geht er nach Amsterdam, um sich auf das Studium der Theologie vorzubereiten, quält sich über ein Jahr mit den alten Sprachen und bricht die Vorstudien schließlich erschöpft ab. Am Schreibtisch zu sitzen macht ihn krank und nervös, er will ja handeln, will etwas tun und sichtbar nützlich sein. Die Frage »Wozu könnte ich taugen?« läßt sich nicht über Studierbüchern beantworten, aber die Lektüre literarischer Werke beginnt ihm auf seiner Suche allmählich unverzichtbar zu werden. Hier findet er den ganzen Lebensreichtum in einer Toleranz ausgebreitet, die ihm abenteuerlich großmütig erscheint, verglichen mit dem, was er bisher an geistiger Freiheit erlebt hat. Besonders liebt er die sozialkritischen Bücher, aber auch Idyllisches, anschauliche Geschichtsdarstellungen oder religiös-philosophische Schriften: Balzac, Dickens, Zola,

George Eliot, Carlyle, Daudet, die Brüder Goncourt, Pierre Loti, Michelet, Renan, Jules Breton. In England hat er die illustrierten Zeitschriften »The Graphic« und den »Punch« schätzen gelernt, die mit beißenden Karikaturen auf Unrecht und Armut hinweisen. Erstmals entdeckt er auch diese Aussagemöglichkeit der Kunst.

Durch Theo bleibt er mit der Welt der Bilder unablässig in Verbindung. Die Briefe der Brüder kreisen ebenso viel um alte und neue Kunstwerke wie um Privates. Unangetastet über allem stehen Rembrandt und Hals von Anfang an, im Lauf der Jahre gefolgt von Delacroix und Monticelli, zu denen Vincent eine mehr als künstlerische Leidenschaft und Bewunderung entwickelt. Dasselbe gilt für den Maler des französischen Bauernlebens Jean-Francois Millet (1814-1875), der etwas von der Befriedigung und dem Ernst des einfachen Lebens mitteilt, die Vincent im Innersten berühren. Nicht anders als die Arbeiter auf dem Feld möchte er selbst sein. Nie hat er hochtrabende Pläne. Vom Leben erwartet er nichts, als daß er einmal sein Brot auf einfache, ehrliche Weise verdienen und eine Familie haben kann, das heißt für ihn: Menschen, mit denen er harmoniert und für die er sorgen möchte. Von früh an hat er eine Vorliebe für Vogelnester, die er sammelt und später zeichnet bzw. malt. Das Nest als Inbegriff des Umhegt- und Geborgenseins, als kleinstmögliches »Haus«, das Schutz vor Sturm, Regen und Kälte gewährt, gehört für ihn zur Brabanter Landschaft seiner Kindheit, die er Jahre später in schwerem Fiebertraum in allen Einzelheiten wieder vor sich sehen wird. Auch der bescheidene Millet stärkt und beruhigt ihn bis ans Ende seines Lebens, obwohl er künstlerisch bedeutende Anstöße nicht im gleichen Maß bewirkt wie etwa Israëls, Dupré, Corot, Daubigny, Jules und Emile Breton, Ary Scheffer, Boughton, Millais, Matthijs Maris, de Groux oder Anton Mauve (der entfernt mit den van Goghs verwandt ist).

In der Gegensätzlichkeit seines schroffen Verhaltens nach außen und seiner inneren, eigentlich unkomplizierten Sehnsucht nach Liebe zeigt sich eine Besonderheit Vincent van Goghs: Er tut, was er kann, und will dafür geliebt werden; wie er auf andere wirkt, das beschäftigt ihn nicht weiter. Er vertritt ja eine Idee, einen Gedanken, der überpersönlichen Wert hat. Denen, die mit ihm leben müssen, macht er es dadurch schwer, er sieht nicht ein, daß es »Formen« zu wahren gilt, daß Übertreibung und zu viel Einsatz erschrecken können. Der kürzeste Weg, »alles für alles«, scheint ihm der einzig mögliche und redliche zu sein. Mit dieser Einstellung beginnt er, fünfundzwanzigjährig, abermals eine Ausbildung, diesmal gleich praxisbezogener, an der Methodistenschule in Laeken. Die Lehrzeit beendet er nach drei Monaten, wenig erfolgreich, doch wird er für sechs Monate zum Evangelisten ernannt und in das belgische Kohlenrevier »Le Borinage« versetzt.

Hier, in der ödesten, traurigsten und ärmsten Gegend, die Vincent van Gogh jemals kennenlernte, fühlt er sich wohl. Die Menschen sind ihm nah, diese Ärmsten der Armen, die kränkelnd und unterernährt bei schwerster physischer Arbeit in kaum beheizbaren Hütten, umgeben von Rauch, Ruß und ungeheuren Bergen aus Steinkohle dahinvegetieren, von der gefährlichen Schinderei unter Tage ausgezehrt und erloschen. Der Evangelist macht Ernst mit seinem Evangelium, teilt, was er hat, mit den Bergleuten, zieht seinen sauberen Amtsrock aus, verzichtet auf seine bessere Wohnung und lebt, wie alle anderen auch, in einer armseligen Unterkunft. Die kirchliche Behörde ist entsetzt. Man spricht von Verletzung des Amtes und kündigt ihm. Aber Vincent bleibt auf eigene Faust, sucht sich Unterkunft in einem Nachbarort und arbeitet dort als Prediger weiter. Für ihn ist dies die Zeit der größten Entmutigung und Vereinsamung. Damals beginnt er zu zeichnen, wie in einem Selbstgespräch angesicht der Trostlosigkeit des scheintoten Landstrichs, dessen abweisender Schönheit er auf die Spur kommen will. Jede Verbindung zur Familie reißt ab, auch Theo hört eine Zeitlang nichts mehr von ihm.

Das Jahr 1880 bringt den entscheidenden Aufbruch. Mit Unterstützung des Vaters geht Vincent nach Brüssel und widmet sich dem systematischen Studium der Zeichnung. Inzwischen siebenundzwanzig Jahre alt, werden ihm noch genau zehn Jahre bleiben zur Produktion eines Lebenswerks, das etwa 860 Gemälde sowie über 1000 Zeichnungen und Aquarelle umfaßt. Heute gehören seine Gemälde zu den begehrtesten der Welt; zu Lebzeiten Vincent van Goghs konnte ein einziges Gemälde verkauft werden (die »Roten Weinberge« auf einer Ausstellung der *Vingtisten*), im Februar 1890, wenige Monate, bevor der Erfolglose und Verzweifelte zum Revolver griff.

Der Aufschwung im endlich erreichten eigenen Element setzt angestaute Kräfte frei, die sich zu heftig entladen, als daß die Erschöpfung ausbleiben könnte. Vincent will eigentlich langsam lernen und bittet, daß man ihm

Zeit läßt – aber er selbst verausgabt sich in einer Arbeitswut, als müsse er ein ganzes versäumtes Leben nachholen. Die Malerei, sagt er, habe ihm eine zweite Jugend geschenkt. Theo verspricht und leistet Unterstützung, soweit es ihm möglich ist; ab Februar 1884 dann werden daraus regelmäßige monatliche Zahlungen. Dafür vermacht Vincent ihm sein gesamtes Werk. Er sieht es als Eigentum dessen, der ihn am Leben erhalten und das Malen ermöglicht hat. Im Lauf der Jahre stapeln sich die unverkäuflichen Bilder in Kellern, Mansarden, auf Schränken und unter Betten in Theos Pariser Wohnung, in angemieteten Räumen, bei Freunden und Bekannten. Sie sind geschätzt von zeitgenössischen Künstlern wie Toulouse-Lautrec, Seurat, Emile Bernard, Paul Gauguin, Camille Pissarro, Rappard und anderen, aber unverstanden von den Händlern und Maßgeblichen im Kunstbetrieb – diesem »Tulpenhandel«, wie Vincent ärgerlich sagt. Er selbst zweifelt zwar nie daran, daß seine großen Arbeiten mehr wert sind als »die Farbe, die sie gekostet haben«, aber er will trotzdem nicht verkaufen, wenn er nicht selbst restlos zufrieden damit ist. Und das ist er selten. Meistens glaubt er, Besseres leisten zu müssen, spricht eher von »Studien« als Gemälden, um den Charakter des Noch-nicht-Fertigen zu betonen. Von zahlreichen Motiven gibt es mehrere Versionen; nur schwer trennt er sich von seinen Blättern, weil er sie lieber als Vorlage zum Weiterarbeiten nutzen möchte. Abgesehen von dieser rein künstlerischen Selbstkritik jedoch ahnt er, bescheiden und selbstbewußt zugleich, daß er etwas auf Dauer Gültiges schaffen kann, auf welchem andere aufbauen sollten. Wenn ihn die Zuversicht einmal verläßt, spricht er sich selbst und Theo Mut zu: »Ich habe wohl die Hoffnung, Bruder, daß Du in einigen Jahren ... Dinge von mir sehen wirst, die Dir für Deine Aufopferung einige Genugtuung geben werden ... Du hast begonnen, mir zu helfen, als die anderen nicht wollten, und ohne zu wissen, was daraus werden würde. Ich möchte so gern, daß Du denen, die es verrückt von Dir finden, mir zu helfen, einmal ganz heiter sagen könntest, daß Du nichts dabei verloren hast.«

Doch ist in Brüssel von solchem Bewußtsein noch lange nichts zu spüren. Fast drei Jahre kann man als reine Lernzeit veranschlagen, als Einarbeitung in verschiedene Techniken und Methoden, während welcher Vincent noch manchen Irrweg gehen wird. Auch in der Kunst liegt ihm das Akademische, wie erwartet, nicht. Am liebsten verbringt er die Zeit im Freien, möglichst nicht in der Stadt. Wind und Wetter, Hitze, Kälte und Regen sind ihm kein Hindernis, im Gegenteil, je bewegter, ja wilder und rauher sich die Natur äußert, desto angeregter und belebter fühlt er sich. Das Unmögliche reizt ihn, nicht nur als Kräftespiel, sondern weil er immer noch an den einfachen Leitsatz glaubt, daß nur das Mühsame wertvoll sein könne. Die Mutter, Anna Cornelia van Gogh, hatte früh erkannt, daß Vincent »in der Natur oder in der Kunst« arbeiten müsse – man darf das »oder«, ohne ihre Voraussicht zu schmälern, ruhig durch ein »und« ersetzen.

Das Jahr 1881 kulminiert wieder in einem bedrohlichen Konflikt. Zurück aus Brüssel, hält Vincent sich den Sommer über im Haus seiner Eltern auf, die mittlerweile in Etten wohnen. Er verliebt sich in eine verwitwete Kusine, die mit ihrem vierjährigen Sohn zu Besuch weilt, und zeigt sich diesmal fest entschlossen, die unmißverständliche Abweisung nicht einfach hinzunehmen. Keinesfalls will er in den gleichen Fehler verfallen, der ihn von seiner Londoner Zeit her noch immer bedrückt. Er reist der jungen Frau, die vor ihm flieht, nach Amsterdam nach, wo sie mit ihren Eltern lebt, und erzwingt sich Zutritt in das Haus, obwohl man ihm mitteilt, daß die Tochter nicht zu sprechen sei. Es folgt eine heftige Szene, während welcher Vincent sich erzwingen will, was ihm lebensnotwendig erscheint: wenigstens ein persönliches Gespräch mit der Geliebten. Er fordert, sie so lange sehen zu dürfen, wie er seine Hand in der Flamme der brennenden Tischlampe halten und den Schmerz ertragen könne. Es nützt nichts. Die erschrokkenen Leute blasen das Licht aus und bringen den Aufgebrachten außer Haus.

Die Familie in Etten ist empört über das ungehörige Benehmen, das als Gewalttätigkeit und Erpressung empfunden wird und sich in der weitverzweigten Verwandtschaft natürlich rasch herumspricht. Das Verhältnis wird unerträglich gespannt, der Vater stellt Vincent barsch zur Rede. Nach erbittertem Wortwechsel verläßt dieser im Dezember das Haus der Eltern und sucht sich eine Unterkunft in Den Haag, wo der verehrte Anton Mauve Haus und Atelier hat und ihm anfangs hilfreich zur Seite steht. Unter seiner Anweisung malt Vincent seine beiden ersten Ölgemälde: Stilleben in dunklen Brauntönen. Das Lernen im direkten menschlichen Kontakt mit einem bewunderten Künstler erweist sich als überaus produktiv.

Auch ganz privat hat Vincent bald einen Menschen gefunden, der keine Abneigung gegen ihn zeigt und mit ihm zusammen leben möchte: eine schwangere kranke Prostituierte, die er von der Straße mit nach Hause nimmt, bei sich pflegt und der ärztlichen Betreuung übergibt. Sie hat bereits ein Kind, ein blasses, kränkliches Mädchen, das er gleich mit versorgt – und die Mutter der Frau wird natürlich auch bedacht. Es dauert nicht lange, da tuschelt man im Haag. Wohlmeinende Zungen warnen Theo, der die Entwicklung aus der Distanz nicht miterlebt, aber, ohne es zu wissen, vier Personen unterhält. Vincent verteidigt sein notdürftiges Familienleben. Nein, die Frau sei nicht gut, nicht schön, nicht freundlich, sie besitze nichts und könne nichts, ihre Züge seien von Blatternarben entstellt und ihre Sprache grob, doch er brauche sie. Sie könne mit ihm auskommen, sei nicht angewidert von seiner Art und sitze ihm sogar Modell. Er ist glücklich, besteht darauf, daß er mit dem Geld, das Theo ihm schickt, Frau und Kinder ernähren kann. Er bittet um Vertrauen. Er kann und will nicht länger alleine sein.

Theo bemüht sich zu verstehen, auch noch, als Vincent, von der Frau mit einer Geschlechtskrankheit infiziert, selber in ein Krankenhaus gehen muß. Aber nach zwei Jahren wird die Belastung für alle zu groß. Vincent bleibt, seiner »Familie« wegen, ausgestoßen aus jeder Gemeinschaft. Auch Mauve hat sich schon lange enttäuscht von ihm abgewandt. Die Eltern in Etten bangen um den Ruf der unbescholtenen Familie und stellen sich rigoros gegen die geplante Legalisierung der Verbindung.

Als das weitere Zusammenleben auf diese Weise scheitert, zieht Vincent sich in die Einsamkeit zurück und hält sich drei Monate lang in der Provinz Drenthe auf, wo er bei Bauern, Landarbeitern, Webern und Torfstechern lebt und malt. Seine Bilder sind dunkel, erdbraun, schwer. Er scheint nur im angestrengten Produzieren den Verlust des ersten eignen »Nestes« überstehen zu können. Gegen Jahresende 1883 wird seine innere und äußere Not so unerträglich, daß er noch einmal in das Haus der Eltern, die nun in Nuenen wohnen, zurückkehrt. Er weiß, daß sich seine Probleme dadurch nur scheinbar verringern. Bald schon wird er an den Bruder schreiben: »Ich fühle, wie Vater und Mutter instinktiv (ich sage nicht bewußt) über mich denken. Es besteht eine ähnliche Scheu davor, mich ins Haus zu nehmen, wie wenn man einen großen zottigen Hund aufnehmen sollte ... Er wird jedem in den Weg laufen. Und er bellt so laut. Kurz – es ist ein schmutziges Vieh ... Ich gebe zu, daß ich eine Art Hund bin ... Der Hund bereut nur, daß er nicht fortgeblieben ist.« Es ist die Zeit, in der neben zahlreichen Studien nach Skizzen, die er aus Drenthe mitgebracht hat, u.a. die berühmten »Kartoffelesser« entstehen.

Nachdem am 26. März plötzlich der Vater stirbt, bezieht Vincent ein eigenes kleines Atelier, doch ballt sich das nächste Unheil schon zusammen. Eine junge Frau aus der Nachbarschaft, mit der Vincent befreundet ist, begeht einen Selbstmordversuch, als ihre Familie sich gegen den Maler stellt. Man schiebt die Schuld ganz auf ihn. Ende November verläßt er Nuenen, um nie wieder nach Hause zu kommen.

In Antwerpen schreibt er sich in die Akademie ein, um sich noch einmal den geltenden Regeln der anerkannten Kunst zu unterwerfen und der autodidaktischen Ausbildung ein »seriöses« Korrektiv gegenüberzustellen. Einige Monate später reist er nach Paris zu Theo, wo er von März 1886 bis Februar 1888 bleibt, mit dem Bruder in einer gemeinsamen Wohnung lebt und die Künstler der Avantgarde kennenlernt, eine für ihn produktive und relativ unbeschwerte Zeit, in der er Wesentliches dazulernt. Seine Bilder werden jetzt hell, bewegt und luftig, in der Auffassung impressionistisch und gelöst in der Stimmung. Vincent hält sich viel im Freien auf und führt endlose Gespräche mit den Malerfreunden. Im Restaurant »Au Tambourin« stellt er sogar, gemeinsam mit Emile Bernard, Paul Gauguin, Toulouse-Lautrec und Anquetin, einige seiner Arbeiten aus. Es ist dies die letzte Phase seines Lebens, die er in einer freundschaftlichen Atmosphäre verbringt.

Im Lauf der Zeit zeigt sich, daß er bei allem Verlangen nach Nähe nicht mehr fähig ist, sich in eine Gemeinschaft zu fügen. Theo leidet unter den unkontrollierbaren Ausbrüchen des Bruders, unter seinem unbeherrschten Aufbrausen aus nichtigem Anlaß. Vincent ist reizbar, »undiplomatisch«, ja taktlos und verletzend, wenn ihm ein Wort, eine Geste nicht behagt. Man muß damit rechnen, daß er Besucher gröblich beschimpft oder wütend gegen den ganzen korrupten Kunstmarkt, gegen die verdorbene Stadt Paris und die sogenannten feinen Leute wettert.

Mit dem unvermeidlichen Aufbruch von Paris beginnt im Februar 1888 der leidenschaftlichste Abschnitt dieses Lebens für die Kunst, als Vincent nach Arles übersiedelt. Von einem nie in solcher Wucht erlebten Schaffensrausch ergriffen, von Licht und Sonne überwältigt, stürzt er sich mit wahrer Wut in die Arbeit. Wie in einem Wettrennen mit der Natur und den Jahreszeiten jagt sein Pinsel über die Leinwand. Besonders die kurze Zeit der blühenden Bäume im Frühling hält ihn außer Atem, er malt von frühmorgens bis spät in die Nacht, im Sommer dann bei wildem Mistral, der ihm die Staffelei mitzureißen droht, am Meer, in den unwegsamen Bergen, in Feldern und Blumengärten und (wenn ihn die Dunkelheit zur Ruhe zwingen will) auch mit am Hut befestigten Kerzen. Das Überwältigendste aber ist die Sonne, für ihn, den nordischen Menschen, ein im Grunde schmerzendes und fremdes Element, wenn es ihm so hell und glutvoll entgegentritt. Gelb wird zu seiner Lieblingsfarbe, auch glühendes Orange und helles Rot, und im gleißenden Licht des südlichen Sommers goldene und silbrige Töne. In Arles glaubt er, sein »Japan« gefunden zu haben, reine, satte Farben ohne Schatten, die durch ihren Eigenwert das aussagen, was er als inhärenten Gedanken empfindet. Auch Menschen malt er in grellen Farben. Schon lange liebt er die bunten Holzschnitte der Japaner und bewundert die Sicherheit und Selbstverständlichkeit, die aus der Darstellung spricht; sie schaffen Kunst, »wie man eine Weste zuknöpft«, schreibt er an Theo.

Seine Gemälde signiert er, wenn überhaupt, mit »Vincent«. In Frankreich kann niemand den Namen van Gogh nur annähernd erkennbar aussprechen, und außerdem sieht er sich nicht mehr als zur Familie dieses Namens gehörend. Theo versucht hin und wieder zu vermitteln, aber der Bruder bleibt offensichtlich unbeteiligt. Ihn interessiert viel mehr die nächste Farbensendung als das Schicksal etwa der Geschwister. Nach Paris gehen regelmäßig große Bilderpakete ab. Manchmal dauert es auch Wochen, bis die dick aufgetragenen Farben getrocknet sind. Während solcher Zeiten erhält Theo dann brieflich genaue Beschreibungen der Studien und Motive.

Im September 1888 erfolgt Vincents Umzug in das *Gelbe Haus* an der Place Lamartine. Hier dekoriert er die Innenräume mit »Sonnenblumen«-Bildern in mehreren Variationen, um endlich einen Gefährten willkommen zu heißen, den Theo überreden konnte, auch nach Arles zu gehen: Paul Gauguin. Vincents Traum von einer Künstlergemeinschaft, die das kleine Haus einmal beherbergen könnte, scheint in greifbare Nähe gerückt. Überschwang und rasend gesteigerte Vorfreude auf den Hausgenossen sind so unbändig, daß der Alltag der beiden ungleichen Künstler nur zur Ernüchterung führen kann. Binnen kurzer Zeit ist die Stimmung im *Gelben Haus* wie elektrisiert, es gibt Wortwechsel und gegenseitige Kränkungen. Gauguin möchte den anstrengenden und öfter auch lästigen »fou rouge« (wie die Arleser Vincent spöttisch nennen) am liebsten recht schnell verlassen; er kann es nicht ertragen, daß Vincent sich so an ihn hängt, ihn belagert, mit Fragen und Vorschlägen quält und sich nicht abschütteln läßt. Auch diese allerletzte Anstrengung, einen Menschen an sich zu binden, endet in wilder Verzweiflung, die Verzweiflung schließlich in blinder Selbstverstümmelung. Zu groß ist der Schmerz über die unbeugsame »Kälte« des Gefährten, als daß er durch Kunst oder Nachdenken verarbeitet werden könnte. Die Nerven des jahrelang am Rande gesundheitsbedrohender Armut und existenzgefährdender Ausgestoßenheit Lebenden versagen, und der billige, heimtückisch wirkende Absinth, der tröstet, aber auch Krämpfe und Verwirrungszustände hervorruft, tut ein übriges. Am Tag vor Weihnachten, der Zeit, die Vincent immer in äußerster Hochspannung erlebt, sind sämtliche Reserven erschöpft: Er richtet das gegen Gauguin gezückte Messer plötzlich gegen sich selbst und schneidet sich ein Stück der Ohrmuschel ab.

Im Krankenhaus kann er sich an nichts mehr erinnern. Gauguin hat Theo verständigt und ist abgereist, selbst am Rande seiner Kräfte. Der Anfall und die Bluttat sorgen für das ergiebigste Stadtgespräch, keineswegs für größere Nachsicht und Milde der Umgebung; jetzt erst recht wird Vincent zum Gespött der Arleser – ein Gespött, hinter dem sich auch Grauen und Erschrecken vor dem unberechenbaren »Verrückten« abzeichnen. Und bald reichen die Einwohner der Stadt ein offizielles Gesuch ein, in dem sie die Internierung des ohnehin unbeliebten Malers fordern.

Die Einweisung ins »Asyl« ist ein Glück für Vincent, hier fühlt er sich vergleichsweise wohl. Nach einer kurzen Bemühung, selbst zurechtzukommen, bittet er Theo, ganz in einer Anstalt bleiben zu dürfen. Freiwillig begibt er sich in das Irrenhaus von Saint-Rémy, inzwischen selbst ängstlich, daß er rückfällig werden könnte. Seine Bewußtseinstrübungen, ja völligen Absencen deutet er als epileptische Anfälle. Der verständige Arzt der

Anstalt von Saint-Rémy findet den richtigen Ton und stellt dem Patienten sogar einen kleinen Extraraum zur Verfügung, wo er malen kann.

In dieser Zelle entstehen viele der heute berühmtesten Bilder, auch das zur Zeit höchstgehandelte Gemälde der Welt, die Schwertlilien (oder Iris) im Garten, malt Vincent in der Anstaltsanlage. Die Kranken, mit denen er den Alltag teilt, stoßen ihn nicht ab – er ist wieder ganz unten, bei den Erniedrigten und Ärmsten. Seine Briefe schildern die Vorkommnisse und bald schon neuen Arbeitspläne mit solcher Eindringlichkeit und Klarsicht, daß der Leser schwerlich einen Geisteskranken dahinter vermuten würde. Man ist versucht, sich an eine gar nicht so lange zurückliegende Äußerung zu erinnern, die Theo seither beunruhigt haben dürfte: »Ich denke auch daran, einfach die Rolle des Verrückten anzunehmen, wie Degas die Rolle des Notars gespielt hat.«

In schlimmen Tagen nimmt Vincent sich wieder die großen alten Meister vor, kopiert Delacroix und Rembrandt, liest viel (besonders begeistert Shakespeare) und freut sich, wenn er Ausgang zum Malen erhält. Auch die in Ruhe und Bescheidenheit arbeitenden Bauern seines frühen Vorbildes Millet schweben ihm wieder vor, darunter besonders Sämann und Schnitter, die ihm fast zu Leitmotiven werden. Unbedingt »in den Griff« bekommen möchte er aber auch noch die dunklen Zypressen und metallisch glänzenden Olivenbäume, die er sich unablässig vornimmt: Züngelnde Flammen und trotzig gewundene Gewächse, die dem ausgetrockneten Boden standhalten und ein kraftvolles Eigenleben bewahren. Durch das Gitter der Anstaltsfenster malt er weithin ausgedehnte, helle Landschaften und zum Greifen nahe Himmel mit riesigen, fast erdrückenden Sonnen oder kreisenden Sternen. Dazwischen, wie immer in Zeiten, da er keine Modelle zur Verfügung hat, sich selbst: Einen ausgemergelten unschönen Kopf mit wuchtigem Schädel und spitz auslaufendem Kinn, irre verdrehtem Blick oder abweisend kalten Augen, blutleer, verdorrt, wie geschnitzt aus fahler hellgelber oder hellblauer lebloser Masse. Ein Mensch, den man nicht ohne Überwindung ansprechen, wahrscheinlich sogar meiden würde. Man glaubt zu spüren, daß er nie im Leben gelacht oder auch nur gelächelt hat. Die Abwehr überträgt sich auf den Betrachter, der sich nur zu gern im erlösenden Anschauen der anderen, »schönen« Bilder erholt, der satten, vor Saft und Kraft strotzenden Blumen, Büsche und Wiesen.

Verglichen mit seinen beiden bedeutendsten Zeitgenossen, Cézanne und Gauguin, ist van Gogh ausgesprochen volkstümlich geworden. Seine Bilder begleiten uns wie alte verläßliche Freunde, auch wenn wir uns dessen nicht bewußt sind: Man erkennt sie wieder, sobald man ihnen begegnet. Ihre Ausstrahlung überträgt sich unmittelbar, man braucht keine Erklärung, sie teilt sich ohne Anstrengung mit. Die Anstrengung, die der Aussagekraft vorausgeht, hat van Gogh *vorher* geleistet und dem Betrachter damit die Arbeit abgenommen. Seine Lieblingsvorstellung war es, sich seine Bilder in Wohnungen hineinzudenken, wo sie mit dem Alltagsleben der Menschen verbunden wären, mit Familie und Heimat, wie er sie verstand.

Auf eigenes Drängen verläßt Vincent van Gogh am 17.

Mai 1890 die Anstalt in der Provence, um zu Theo nach Paris zu reisen. Dieser, inzwischen verheiratet mit Johanna, geb. Bonger, ist gerade Vater eines Sohnes geworden: Das Kind hat den Namen des Patenonkels Vincent erhalten. Die Atmosphäre in der Familie scheint freundlich, ist aber großer Belastung ausgesetzt, was Vincent rasch spürt. Seit Jahren schwelende Konflikte mit der Firma Goupil & Co haben sich zugespitzt. Theo ist an einem Punkt angelangt, wo er am liebsten selbständig weiterarbeiten und die neuen Künstler vertreten würde, die seine Arbeitgeber nicht sonderlich schätzen; Johanna und das Kind kränkeln. Vincent wirkt dagegen ausgeruht, gesund, kräftig und voller Tatendrang. Es herrscht eine untergründige Nervosität, die sich in Reizbarkeiten ausdrückt. Vincent spricht von »heftigen häuslichen Streitigkeiten« – eine Bemerkung, die Theo sehr überrascht, weil er sich solche Empfindlichkeit schon lange nicht mehr leisten kann.

Am 20. Mai, früher als geplant, fährt Vincent nach Auvers-sur-Oise, wo er unter der Obhut eines Künstlerfreundes und malenden Arztes ein weitgehend selbstgestaltetes Leben führen soll. Der Arzt, Dr. Paul-Ferdinand Gachet, war eine Empfehlung des mit Theo befreundeten Malers Camille Pissarro, der von Vincent van Gogh einmal gesagt hat: »Dieser Mann wird entweder verrückt, oder er läßt uns alle weit hinter sich.«

Vincent äußert sich zuerst erfreut, dann zunehmend skeptisch über Gachet und diagnostiziert bald eine nicht weniger starke Gefährdung des schwermütigen Mentors: »Er ist kränker als ich, wie mir scheint, oder wenigstens ebenso krank. Und wenn ein Blinder einen anderen

Blinden führt, fallen da nicht beide in den Graben?« Er sucht sich eine Unterkunft nach seinen Vorstellungen, lehnt die von Gachet besorgte Pension ab und besucht den Arzt in der Folgezeit einmal pro Woche zu einem längeren Mittagessen. Auch malt er das Porträt seines Gastgebers sowie dessen Tochter, die ihn, freundlich und hell, als »weiße Gestalt« erfreut und aufmuntert. Die meiste Zeit aber verbringt er draußen auf den Feldern im Genuß der wiedergewonnenen Freiheit.

Knapp siebzig Tage wird er in Auvers sein. In diesen gut zwei Monaten entstehen zweiundachtzig seiner großartigsten Gemälde und über dreißig Zeichnungen. Der Schaffensrausch nimmt, wie schon öfter zuvor, den Charakter der Betäubung an. Von den Sorgen Theos mitbelastet, muß Vincent sich vorwerfen, daß das Malen eigentlich zu kostspielig ist, und, schlimmer noch, daß auch die Kunst auf Dauer nicht darüber hinwegtrösten kann, daß das wirkliche Leben woanders stattfindet. Die Kunst ist ein Mittel, mehr nicht. Gerne hätte er seinen kleinen Neffen in der Nähe. Theo und Johanna jedoch lassen ihn wissen, daß sie ihre Ferienreise nicht zu ihm, sondern zur Mutter nach Holland machen wollen, um ihr das erste Enkelkind vorzustellen. Alle Bitten und Überredungsversuche, den Sommer gemeinsam mit ihm auf dem Land zu verbringen, sind erfolglos. Vincent ist bitter enttäuscht, aber am tiefsten trifft ihn der Gedanke, der ihn jetzt nicht mehr losläßt: Er ist eine Last. Theo steht selbst vor dem Zusammenbruch – am besten wäre es sicher, wenn er den Bruder nicht mehr mitzuschleppen hätte.

Vincent van Gogh, der sich selbst nie als einen Unglücklichen oder gar Märtyrer bezeichnet hätte, »Ich möchte nicht, daß jemand mich zu den Unglücklichen rechnet, ich würde es nicht richtig finden«, ist radikal und verzweifelt genug, um die letzte Konsequenz aus seiner entsetzlichen Erkenntnis zu ziehen. Am Abend des 27. Juli sehen ihn seine Wirtsleute später als gewöhnlich heimkommen. Schleppenden Gangs schleicht er sich wortlos auf sein Zimmer, die Hand an die Seite gepreßt. Dem besorgten Wirt, der ihm nachgeht, zeigt er die Wunde, die er sich durch einen Schuß in den Leib zugefügt hat, winkt aber ab, als Theo benachrichtigt werden soll, und weigert sich, die Privatadresse des Bruders anzugeben. Dr. Gachet und ein weiterer Arzt können nicht mehr helfen.

Als Theo am nächsten Tag, einem Montag, in der Firma die Nachricht erhält und herbeieilt, lebt Vincent noch immer. Er stirbt erst in den frühen Morgenstunden des 29. Juli. Theo bleibt die ganze Zeit über bei ihm. Die letzten Worte des Sterbenden sollen gewesen sein: »Ich wünschte, nun könnte ich heimgehen.« Das Heimgehen ist wortwörtlich zu verstehen.

»Van Gogh hat uns etwas vorgemacht, was uns alle angeht, nicht nur Künstler und Literaten, nicht nur Kunstfreunde und Kenner, die am wenigsten«, schreibt Julius Meier-Graefe, einer seiner ersten bedeutenden Biographen. »Alle Menschen, die sich nicht widerstandslos dem großen Treibeis unterwerfen, geht er an, alle Sehnsüchtigen, alle Bedrückten, alle Erniedrigten und Beleidigten, alle Glücklichen, die eine Hoffnung schwellt. Er hat uns mehr als Bilder vorgemacht.«

Unsere Sammlung aus Briefzitaten Vincent van Goghs

gibt Einblick in die Gedankenwelt eines im tiefsten Grund religiösen Menschen, der einfache Wahrheiten so ernst genommen hat, daß sie zu Komplikationen führten. Es spricht kein Aphoristiker daraus. Van Gogh hat weder Ésprit noch Raffinesse, er ist kein schillernder oder geschliffener Denker – ihm geht es nur um die Sache, er ist direkt. In dieser Direktheit, die keinerlei Hintergedanken kennt, kein Wenn und Aber einbezieht, liegt die mitreißende Macht seiner fast naiven Sprache. Er denkt nicht lange nach, wie etwas klingt – es wird schon klingen, wenn er so schreibt, wie er denkt. Dasselbe gilt, in noch ungleich höherem Maß, für seine Bilder: Er malt, wie er malen muß, nicht wie Zeit und Mode es vorschreiben, und arbeitet selten aus dem Kopf. Meist sitzt er direkt vor (oder in) der Natur. Er braucht den kürzesten Weg zu seinem Objekt, die Anschaulichkeit. Das Gedankliche, das er in seine Werke hineinlegt, ist bereits da, er muß nicht danach suchen. In der Kunst schafft er auf diese Weise gerade durch seine Unangepaßtheit und Abkehr von geltenden Stilrichtungen und Konventionen aller Art seinen eigenen Stil, der richtungsweisend für die nächsten Generationen wird. Seine Gedanken jedoch beruhen auf uralten Wahrheiten, von denen er sich nie gelöst hat. Sie neben den Werken seiner Kunst und den biographischen Wirren seines kurzen Lebens als dritten Komplex bewußt zu machen, ist das Anliegen dieses Breviers.

Frankfurt, im Januar 1990

Zeittafel

1853 Van Gogh wird am 30. März 1853 als ältester Sohn des Pfarrers Theodorus van Gogh und dessen Frau Anna Cornelia geb. Carbentus in Groot-Zundert in Nord-Brabant geboren.

1857 1. Mai: Geburt des Bruders Theo, ebenfalls in Zundert.

1861 1. Januar: Vincent kommt in die Dorfschule.

1864-1868 Vincent geht in Zevenbergen und Tilburg zur Schule.

1868 Rückkehr nach Zundert.

1869 Lehrzeit in der Kunsthandlung seines Onkels Vincent van Gogh in Den Haag, einer Filiale der Pariser Firma Goupil & Co.

1873 Für Goupil in Brüssel, London und später in Paris tätig. Erste künstlerische Arbeiten. – Theo beginnt in der Brüsseler Filiale von Goupil zu arbeiten.

1873 Vincent wird in die Londoner Filiale der Firma versetzt. Unglückliche Liebe zu Ursula Loyer.

1874 Versetzung nach Paris.

1876 Beendigung seiner Tätigkeit als Kunsthändler nach Differenzen mit der Firma. Als Hilfslehrer in Ramsgate und Hilfsprediger in Isleworth. Am 31. Dezember Rückkehr zu den Eltern, die inzwischen nach Etten übersiedelt sind.

1877 Arbeit in der Buchhandlung Blussé & van Braam in Dordrecht (Januar-Mai). Danach Vorbereitung auf ein Theologiestudium in Amsterdam.

1878 Besuch der Methodistenschule in Laeken. Nach drei Monaten Rückkehr zu den Eltern. Vorbereitung auf den Beruf des Predigers (Evangelisten) im Kohlenrevier »le Borinage«.

1879 Entlassung aus dem Amt des Evangelisten nach einem Zerwürfnis mit dem Kirchenrat. Erste Zeichnungen. Aufenthalt in Cuesmes auf eigene Faust (wohnt bei einem Laienprediger und später bei einem Bergarbeiter).

1880 Vincent entdeckt seine Berufung zum Maler, läßt sich in Brüssel nieder. Freundschaft mit van Rappard.

1881 In den Sommermonaten verliebt sich Vincent während eines längeren Aufenthalts in Etten in seine Kusine Kee Vos, wird aber von ihr abgewiesen. Zerwürfnis mit der Familie.

1882 Januar: Vincent geht nach Den Haag und nimmt Malunterricht bei Anton Mauve. Erste Ölbilder. Zusammenleben mit Clasina Maria Hoornik (Sien) und deren Kindern.

1883 September: Vincent trennt sich von Sien und übersiedelt nach Drenthe. Anschließend bis November 1885 zurück ins Elternhaus, jetzt in Nuenen, wohin man den Vater versetzt hat.

1885 Der Vater Theodorus van Gogh stirbt nach einem Schlaganfall (März). – Vincent richtet sich ein Atelier im Ort ein.

20. November: Übersiedlung nach Antwerpen; Besuch der Akademie.

1886 März: Vincent geht nach Paris, wo sein Bruder Theo eine Filiale der Kunsthandlung Goupil leitet. Durch ihn lernt er hier erstmals Werke der Impressionisten und Neoimpressionisten kennen. Er besucht das Atelier Cormon, wo er mit Toulouse-Lautrec und Emile Bernard Freundschaft schließt. Beginn der Freundschaft mit Paul Gauguin.

Juni: Theo und Vincent beziehen eine gemeinsame Wohnung in der Rue Lépic 54.

1887 Begegnung mit Signac, Seurat, Pissarro, Guillaumin.

1888 21. Februar: Mit Unterstützung seines Bruders und Mentors Theo übersiedelt Vincent nach Arles. Erst hier findet er – nach künstlerischer Weiterbildung während der Pariser Zeit, aus der sich nur wenig erhalten hat – zu seinem eigenen Stil. Stadt und Umgebung von Arles bestimmen in der Folgezeit die Motive seiner Bilder.

Mai: Übersiedlung in das Gelbe Haus an der Place Lamartine. Im Herbst des Jahres folgt auf nachhaltiges Drängen van Goghs Paul Gauguin dem Freund nach Arles, um in einer Wohn- und Arbeitsgemeinschaft nach den von van Gogh postulierten Prinzipien einer freien, kreativen Gemeinschaft zu leben.

Am Ende des Jahres kommt es zu einer ersten Nervenkrise, in deren Verlauf van Gogh sich das linke Ohrläppchen abschneidet und Gauguin tätlich bedroht. Einlieferung ins Spital.

1889 7. Januar: Vincent wird entlassen, Rückkehr in das Gelbe Haus.

19. März: Auf Grund eines von zahlreichen Arlesern unterzeichneten Gesuchs von neuem Einweisung in eine Heilanstalt.

3. Mai: Vincent geht freiwillig in die Anstalt Saint-Paul-de-Mausole des Dr. Peyron in Saint-Rémy bei Arles, wo er weiterhin künstlerisch tätig ist.

1890 Januar: Der Schriftsteller Albert Aurier schreibt im »Mercure de France« den ersten Artikel über Vincent van Gogh. Erster Bildverkauf: »Die roten Weinberge« für 400 Francs an Anna Boch in Brüssel (14. Februar).

Frühjahr: Vincent will zurück in den Norden. Am 17. Mai kommt er in Paris an, wo ihn Theo empfängt, der inzwischen verheiratet und gerade Vater eines Sohnes geworden ist. Das Kind wird nach Vincent benannt. Ab 21. Mai Aufenthalt in Auvers-sur-Oise. Ärztliche Betreuung durch Dr. Gachet, der auch künstlerisch arbeitet. Vincent lernt bei Gachet radieren.

Anfang Juli: Besuch in Paris, den Vincent plötzlich abbricht. Rückkehr nach Auvers.

27. Juli: Selbstmordversuch, dem Vincent zwei Tage später erliegt.

1891 25. Januar: Tod des Bruders Theo.

Quellenangabe

Sämtliche Zitate dieser Auswahl sind enthalten in der dreibändigen revidierten Ausgabe: *Vincent van Gogh, Briefe an seinen Bruder.* Herausgegeben von Johanna Gesina van Gogh-Bonger. insel taschenbuch 954. Frankfurt am Main 1988. (Übersetzung der holländischen Briefe durch Leo Klein-Diepold, der französischen durch Carl Einstein. Deutsche Erstausgabe, Berlin 1928.)

Die römischen Ziffern beziehen sich auf den jeweiligen Band der genannten Ausgabe, die arabischen Zahlen bezeichnen die Seiten.

[1] II,26 · [2] I,729 · [3] I,492-493 · [4] I,562 · [5] I,281 · [6] II,737 · [7] II,488 · [8] II,488 · [9] I,326-327 · [10] I,315 · [11] I,315 · [12] III,546 · [13] II,131 · [14] II,131-132 · [15] I,494 · [16] II,698 · [17] I,281 · [18] I,281 · [19] II,568 · [20] I,323-325 · [21] I,320-323 · [22] I,648 · [23] I,319-320 · [24] I,400 · [25] I,422 · [26] II,541 · [27] I,406 · [28] I,431 · [29] III,559 · [30] I,555-556 · [31] II,581 · [32] II,589 · [33] I,283-284 · [34] III,72 · [35] I,374 · [36] II,400 · [37] II,122-123 · [38] I,639 · [39] I,640 · [40] I,699 · [41] I,574 · [42] II,682 · [43] II,663 · [44] I,414 · [45] II,440 · [46] I,576 · [47] I,577 · [48] II,285 · [49] II,285 · [50] II,666 · [51] II,610 · [52] I,435 · [53] I,374 · [54] II,133 · [55] I,328-331 · [56] I,281 · [57] I,282 · [58] I,573 · [59] I,425-426 · [60] II,522 · [61] I,422-423 · [62] I,651 · [63] I,656 · [64] I,573 · [65] III,368 · [66] I,440 · [67] II,101 · [68] III,176 · [69] II,25 · [70] I,444 · [71] I,126 · [72] I,441 · [73] I,440/442-443 · [74] II,166 · [75] II,189 · [76] II,129 · [77] II,129 · [78] II,204-205 · [79] II,106 · [80] I,440 · [81] I,420 · [82] I,409-410 · [83] I,402 · [84] I,411 · [85] I,411 · [86] II,543 · [87] I,396 · [88] I,397-398 · [89] II,493 · [90] I,328 · [91] II,119-120 · [92] II,566 · [93] III,90 · [94] II,388 · [95] II,525 · [96] II,500 · [97] I,327 · [98] I,134 · [99] III,552 · [100] I,736 · [101] I,736 · [102] II,109-110 · [103] III,536 · [104] I,558 · [105] II,423 · [106] III,603 · [107] III,537 · [108] II,153 · [109] II,84 · [110] II,85 · [111] III,319 · [112] I,706-707 · [113] III,522 · [114] II,69 · [115] I,282 · [116] I,508 · [117] I,517-518 · [118] I,269 · [119] I,253 · [120] I,213-214 · [121] I,214-215 · [122] I,194 · [123] I,192-193 · [124] I,177 · [125] I,154 · [126] III,563 · [127] I,125 · [128] I,123 · [129] I,116 · [130] I,93 · [131] I,90 · [132] II,585 · [133] III,135-136 · [134] III,99 · [135] III,628 · [136] II,232 ·

[137] III,610 · [138] I,282 · [139] III,81 · [140] III,553 · [141] III,92 · [142] III,319 · [143] III,183 · [144] II,504 · [145] II,489 · [146] II,473 · [147] II,457 · [148] II,448 · [149] II,448 · [150] II,600 · [151] II,599 · [152] II,600 · [153] II,572-573 · [154] II,571 · [155] II,569 · [156] II,133 · [157] II,322 · [158] II,302-303 · [159] II,288-289 · [160] II,286 · [161] II,289 · [162] II,280-281 · [163] II,243 · [164] II,277 · [165] II,277 · [166] II,228 · [167] I,648 · [168] II,221 · [169] II,161 · [170] III,536 · [171] III,258-259 · [172] II,162 · [173] II,163 · [174] I,696 · [175] III,88 · [176] III,174 · [177] III,523 · [178] I,173 · [179] III,535 · [180] III,455 · [181] III,521 · [182] I,702-703 · [183] I,391 · [184] I,564-565 · [185] I,736-737 · [186] I,535 · [187] I,537 · [188] I,537 · [189] I,466 · [190] I,717 · [191] I,718 · [192] I,486 · [193] II,430-431 · [194] I,502-503 · [195] I,623 · [196] I,604 · [197] II,453 · [198] III,403 · [199] III,147 · [200] III,578 · [201] III,561 · [202] III,266 · [203] III,297 · [204] III,298-299 · [205] III,298 · [206] III,281 · [207] III,283 · [208] III,282 · [209] III,330 · [210] III,609 · [211] I,507 · [212] II,49 · [213] II,25 · [214] I,679 · [215] III,605 · [216] III,606 · [217] III,345 · [218] III,385-386 · [219] III,350 · [220] III,345 · [221] III,345 · [222] III,337 · [223] III,446 · [224] III,289 · [225] III,208 · [226] I,667-668 · [227] III,131 · [228] III,134 · [229] II,563 · [230] I,538 · [231] II,686 · [232] I,547-548 · [233] III,494 · [234] I,497 · [235] I,498-499 · [236] II,50-51 · [237] II,724 · [238] II,439 · [239] II,572 · [240] III,503 · [241] III,504 · [242] III,391 · [243] III,506 · [244] III,507 · [245] III,340 · [246] III,341 · [247] III,512 · [248] III,514 · [249] III,247 · [250] III,247 · [251] III,343 · [252] II,668 · [253] II,668 · [254] III,503 · [255] II,22 · [256] II,23 · [257] III,509 · [258] II,138 · [259] II,44 · [260] II,109 · [261] II,17 · [262] I,740 · [263] II,48 · [264] I,722 · [265] I,689 · [266] I,737 · [267] II,704 · [268] II,711 · [269] III,559-560 · [270] I,298 · [271] II,699 · [272] II,699 · [273] I,520 · [274] I,521 · [275] I,523 · [276] II,120-121 · [277] II,122 · [278] III,583 · [279] III,582 · [280] III,377 · [281] III,582 · [282] III,582 · [283] III,601 · [284] II,72 · [285] II,72 · [286] III,520 · [287] III,494 · [288] III,456 · [289] III,487-488 · [290] III,90 · [291] II,110 · [292] III,197 · [293] III,212 · [294] III,214 · [295] III,209 · [296] I,572-573 · [297] II,626 · [298] II,540-541 · [299] II,604 · [300] I,665-666 · [301] I,649 · [302] I,662-663 · [303] I,649 · [304] I,649 · [305] I,90 · [306] I,90 · [307] II,728 · [308] II,728 · [309] II,726 · [310] II,727 · [311] II,729 · [312] II,729 · [313] I,733 · [314] I,732 · [315] II,545 · [316] II,731 · [317] III,23 · [318] III,29 · [319] II,27-29 · [320] III,40 · [321] I,420 · [322]

III,172-173 · [323] III,493 · [324] I,741 · [325] III,226 · [326] III,627-628 · [327] III,223 · [328] III,149 · [329] III,246 · [330] III,656 · [331] III,509 · [332] III,540 · [333] III,541 · [334] III,542 · [335] III,548 · [336] III,550 · [337] III,549 · [338] III,551 · [339] III,550 · [340] III,542 · [341] III,475-477 · [342] III,590 · [343] III,247-248 · [344] II,17-18 · [345] III,660 · [346] II,50 · [347] I,277-278 · [348] III,246 · [349] III,244 · [350] III,484 · [351] III,552-553 · [352] III,629/618 · [353] III,388 · [354] III,388 · [355] III,486 · [356] III,493 · [357] III,573 · [358] III,481 · [359] III,255 · [360] II,520

Literaturhinweise

Ebenfalls als insel taschenbuch sind erschienen:

Van Gogh in seinen Briefen. Herausgegeben und mit einem Nachwort von Paul Nizon. Frankfurt a.M. 1977. 377 S., it 177

Julius Meier-Graefe: Vincent van Gogh. Frankfurt a.M. 1987. 320 S., it 1015

Weitere deutschsprachige Ausgaben von Selbstzeugnissen, Gesamtdarstellungen, Werkanalysen und Biographien in Auswahl (chronologisch nach Erscheinungsdatum):

Meier-Graefe, Julius: Vincent van Gogh. Der Roman eines Gottsuchers. München 1910. 191 S. (Neuauflage Frankfurt a.M. Hamburg 1959)

Hausenstein, Wilhelm: Van Gogh und Gauguin. Berlin 1914

Havelaar, Just: Vincent van Gogh. Zürich 1920. 157 S.

Meier-Graefe, Julius: Vincent. 2 Bde. München 1921 f. (jetzt als it 1015, s. o.)

Hartlaub, Gustav Friedrich: Vincent van Gogh. Leipzig 1922. 62 S./Abb. (Junge Kunst 25/26)

Meier-Graefe, Julius: Vincent van Gogh, der Zeichner. Berlin 1928

Knapp, Fritz: Vincent van Gogh. (Künstler Monographien) Bielefeld-Leipzig 1930. 59 S./44 Abb.

Uhde, Wilhelm: Leben und Werk des Vincent van Gogh. Wien 1936. In: Gogh, Gemälde und Handzeichnungen

Nigg, Walter: Religiöse Denker. Kierkegaard, Dostojewski, Nietzsche, van Gogh. Bern–Leipzig 1942. 397 S.

Schmidt, Georg: Vincent van Gogh. Bern 1947

Biermann, Georg: Vincent van Gogh. München 1948 (Gestalten und Probleme 1)

Buchmann, Mark: Die Farbe bei van Gogh. Zürich 1948. 127 S.

Höver, Otto: Vincent van Gogh als Zeichner. Emmendingen 1948.

Pierard, Louis: Das tragische Schicksal des Vincent van Gogh. Zürich 1948. 116 S.

Weisbach, Werner: Vincent van Gogh. Kunst und Schicksal, 2 Bde. Basel 1949–1951

Schapiro, Meyer: Vincent van Gogh. New York 1950; dtsche. Ausgabe Stuttgart 1950

Bauer, Walter: Die Sonne von Arles. Das Leben von Vincent van Gogh. Hattingen 1951. 317 S./Abb.

Estienne, Charles: Van Gogh. Kritische Studie. Genf 1953. 126 S.

Laprade, Jacques de: Van Gogh. Stuttgart 1953. 64 S./Abb.

Feddersen, Hansi: Vincent van Gogh. Stuttgart 1956. 149 S./Abb.

Hanson, Lawrence und Elisabeth: Sonne ohne Gnade. Das Leben des Vincent van Gogh. München 1956. 332 S./Abb.

Perruchot, Henri: Van Gogh. Eine Biographie. Esslingen 1956. 453 S.

Hulsker, Jan: Wer war Vincent van Gogh? /viersprachig; Den Haag 1958. 199 S.

Tralbaut, Marc-Edo: Van Gogh. Bildbibliographie. München 1958. 143 S.

Elgar, Frank: Van Gogh. Leben und Werk. München-Zürich 1959. 317 S./380 Abb.

Tralbaut, Marc-Edo: Vincent van Gogh in Drenthe. Assen 1959. 304 S.

Drnak, Vladimir: Ich suchte dich, Sonne. Prag 1960. 274 S.

Badt, Kurt: Die Farbenlehre van Goghs. Köln 1961. 153 S./Abb.

Braunfels, Wolfgang (Hrsg.): Vincent van Gogh. Ein Leben in Einsamkeit und Leidenschaft. Berlin 1962

Erpel, Fritz: Die Selbstbildnisse Vincent van Goghs. Berlin (Ost) 1964

Erpel Fritz (Hrsg.): Sämtliche Briefe, in der Übersetzung von Eva Schumann. 6 Bde. Berlin (Ost) 1965-1968 (Westdeutsche Lizenzausgabe mit einer Einleitung von Michael Erlhoff, Lamuv Verlag, Bornheim–Merten 1985)

Huyghe, René: Van Gogh. München 1967. 94 S./Abb.

Rewald, John: Von van Gogh zu Gauguin. Die Geschichte des Nachimpressionismus. Köln 1967

Leymarie, Jean: Wer war van Gogh? Genf 1968. 209 S./Abb.

Keller, Horst: Vincent van Gogh. Die Jahre der Vollendung. Köln 1969. 82 S./Abb.

Cabanne, Pierre: Van Gogh Gütersloh 1970. 287 S./Abb.

Kuhn-Foelix, August: Vincent van Gogh. Eine Psychographie. Memmingen 1970. 200 S./Abb.

Wallace, Robert: Van Gogh und seine Zeit. 1853-1890. Amsterdam-Frankfurt 1971. 189 S./Abb.

Nagera, Humberto: Vincent van Gogh. Psychoanalytische Deutung seines

Lebens anhand seiner Briefe. Mit einem Vorwort von Anna Freud. München–Basel 1973. 175 S.

Frank, Herbert: Van Gogh in Selbstzeugnissen und Bilddokumenten. (rororo monographie) Reinbek 1976. 152 S./Abb.

Uitert, Evert van: Vincent van Gogh. Leben und Werk. Köln 1976

Leymarie, Jean: Van Gogh. Genf 1977

Uitert, Evert van (Hrsg.): Vincent van Gogh. Zeichnungen. Köln 1977

Hammacher, Abraham Marie und Renilde: Van Gogh. Die Biographie in Fotos, Bildern und Briefen. Stuttgart 1982

Zurcher, Bernhard: Van Gogh. Leben und Werk. München 1985

Walther, Ingo F.: Vincent van Gogh. 1853-1890. Vision und Wirklichkeit. Köln 1986

Bernard, Bruce (Hrsg.): Vincent van Gogh. Zeichnungen. London 1985; deutsche Ausgabe München 1987

Neumannová, Miloslava (Hrsg.): Vincent van Gogh. Zeichnungen. Prag und Hanau 1987

Erpel, Fritz (Hrsg.): Vincent van Gogh. Lebensbilder, Lebenszeichen. Berlin (Ost) und München 1989

Walther, Ingo F./Rainer Metzger: Vincent van Gogh. Sämtliche Gemälde, 2 Bde. Benedikt Taschen Verlag, Köln 1989. 740 S./Abb.

Inhalt

Insel Verlag Anton Kippenberg GmbH & Co. KG
Torstraße 44, 10119 Berlin
info@insel-verlag.de
www.insel-verlag.de